Reinhold Schneider, geb. 13. Mai 1903 in Baden-Baden, gestorben 6. April 1958 in Freiburg i. Br.

»Der Friede strahlt von ihm aus als eine so leuchtende Selbstverständlichkeit, wie es die Atemluft ist oder der Gehorsam der Körpermuskeln.« *Werner Bergengruen*

Edwin Maria Landau. Geboren 1904 in Koblenz a. Rh. Dr. phil. Als Verleger bei Jakob Hegner in Hellerau ausgebildet. Gründet 1930 in Berlin den *Verlag die Runde*. 1936 von den Nationalsozialisten zur Aufgabe gezwungen. 1938 ausgewandert, 1939-1943 in Frankreich interniert. 1953 betraut ihn Paul Claudel mit der Herausgabe seiner Gesammelten Werke in deutscher Sprache. 1974 Gründung des Internationalen Claudel-Forschungszentrums an der Universität Zürich.

Maria van Look. Geboren 1909 in Brandenberg (Baden), studierte Zahnheilkunde in Freiburg i. Br. und hörte daneben Vorlesungen über Literatur bei Prof. Witkop. 1935 verheiratete sie sich mit Dr. Hans van Look. 1943 lernte das Ehepaar Reinhold Schneider und dessen Gefährtin Anna-Maria Baumgarten kennen, mit denen sie bis zu deren Tod eine tiefe Freundschaft verband. 1965 erschien ihr Buch *Jahre der Freundschaft mit Reinhold Schneider,* 1967 ihr Buch *Franz Anton Mesmer – Reinhold Schneider*. 1970 Gründungsmitglied der Reinhold Schneider-Gesellschaft e. V., Freiburg i. Br.

Leni Mahnert-Lueg. Geboren 21. Januar 1907 in Bochum. Studium der Kunstgeschichte, Archäologie und Geschichte in München, Bonn, Berlin. Heirat 1930 mit Paul Mahnert. Durch die Uraufführung von *Innozent und Franziskus* an den Städtischen Bühnen Essen Begegnung mit Reinhold Schneider. Herausgabe des Buches *Reinhold Schneider in Essen, Freundschaft mit Paul Mahnert* im Eigenverlag, 1970. Gründungsmitglied der Reinhold Schneider-Gesellschaft e. V., Freiburg i. Br.

Bruno Stephan Scherer. Geboren 1929 in Gretzenbach/Schweiz. Benediktiner von Mariastein bei Basel. Dr. phil., Gymnasialprofessor für Literatur- und Kunstgeschichte in Altdorf, gegenwärtig an wissenschaftlicher und schriftstellerischer Arbeit sowie in der Seelsorge in Zürich tätig. Seit 1960 mit Reinhold Schneider-Forschung beschäftigt (2 Bücher; Aufsätze, Vorträge).

insel taschenbuch 318
Reinhold Schneider
Leben und Werk
im Bild

REINHOLD SCHNEIDER LEBEN UND WERK IM BILD

Von Edwin Maria Landau, / Maria van Look,
Leni Mahnert-Lueg, / Bruno Stephan Scherer
In Selbstzeugnissen und Worten
der Mitlebenden
Insel Verlag

insel taschenbuch 318
Erste Auflage 1977
© Insel Verlag Frankfurt am Main 1977
Alle Rechte vorbehalten
Vertrieb durch den Suhrkamp Taschenbuch Verlag
Umschlag nach Entwürfen von Willy Fleckhaus
Satz: LibriSatz, Kriftel
Druck: Nomos Verlagsgesellschaft, Baden-Baden
Printed in Germany

SELBSTZEUGNISSE

TRÖSTLICHE KINDHEIT

Wunderbares Dunkel dieser Tage! Wenn der Nebel die Fenster umdüstert, die Bäume wie Schatten in ihm stehen und die Sonne unsichtbar bleibt und die Vögel draußen sich nur noch ganz leise melden wie aus einem anderen Reich –, dann muß es doch gelingen, an den entsetzlichsten Schmerzen, den furchtbarsten Bildern vorüber einen Weg in die Kindheit zu finden. Die Erinnerung soll keine Flucht sein, kein Untergehen in der Trauer um Unwiederbringliches; aber wir bedürfen des Besten und Reinsten aus unserem Leben, wenn wir der Zeit nicht erliegen sollen. Wir müssen in die Tiefe der Vergangenheit hinab, wo wir einmal reines Wasser schöpfen durften; es wird uns wieder erquicken. Wahrscheinlich ist die Zeit der Kindheit in Wahrheit das nicht gewesen, als was sie uns heute erscheint; aber etwas ist unbezweifelbar geblieben als das Licht vom Lichte, der Strahl aus einer anderen Welt: es ist das Licht des Weihnachtstages; könnten wir es wieder empfangen, so würden wir auch erfahren, daß es dieselbe Kraft hat wie einst, daß es auch das Grauen dieser Jahre besiegen kann, wenn es nur in uns zu leben beginnt, vielleicht als das Beste, was uns in Menschen begegnet ist.

Das Haus lag einsam im Winter; unter dem nahen Ruf der Käuze, dem fernen des Uhus schliefen wir ein. Wenn wir am Morgen erwachten, kniete Joseph vor dem Ofen. Die aufflackernden Scheite warfen einen seidigen Glanz über seinen blonden Doppelbart, sein schönes, fremdes Gesicht. Wir dachten nicht daran, daß es dasselbe Gesicht war, das uns, unter einem alten, pelzbesetzten Fußsack hervor, der als Mütze diente, furchtbar bedroht hatte, wenn Nikolaus unter Kettengerassel die Treppen zum Vorraum heraufgestampft war; es war ganz unmöglich, Joseph und den heiligen Nikolaus zueinander in Beziehung zu setzen. Und auch was sich Joseph nun sonst im Hause zu schaffen machte, rührt nicht an das Geheimnis dieser Tage, mochten wir ihn hämmern hören in dem verschlossenen Eckzimmer oder auf der Treppe mit unförmigen Paketen überraschen.

Um diese Zeit wurden alle Räume des Hauses wunderbarer, namentlich die vielen unbewohnten, die mit lange nicht mehr benutzten Möbeln und Bildern angefüllt waren, und vor allem ein großer, völlig fensterloser Raum in der Mitte des Erdgeschosses. Es war, als webte sich in diesen Gelassen, ihrem Dunkel und ihrer Stille das Geheimnis, das langsam das ganze Haus durchdringen sollte. Draußen, in dem bereiften Garten, trug der Gärtner, ein kleiner, emsiger Mann, die edelsten Tannenzweige zusammen; vom Lande kamen die Frauen und Kinder; drei- oder viermal des Tages stieg der Briefträger in unsäglicher Geduld durch den Garten herauf. Jetzt kamen auch die leichten, aus Bambus gefertigten Körbe aus Nizza oder anderen südlichen Städten. Eine Wolke reinen, fremden Blumenduftes entwallte ihnen, wenn sie geöffnet wurden, und noch immer sehe ich die Mimosenbüsche im Vorfenster stehen. Die Sonne fiel durch die Eisblumen auf den Scheiben, daß sie blühten und tauten und vergingen, noch flüchtiger als die strahlenden Gewächse des Südens. Oder der Schnee sank über Nacht auf den Garten und beugte und breitete die dunklen Nadelbäume zu den wunderlichsten Formen auseinander. Wir wußten, daß Schnee gefallen war, noch ehe wir die Fenster öffneten, denn der Gärtner klopfte das Bahnholz an der Haustreppe ab; die Glocken klangen ferner, und bald bewegte sich auch das Klingeln des mit zwei Pferden bespannten Schneepflugs die Straße herauf. Jetzt waren Garten und Haus noch mehr auf sich selbst verwiesen; wir suchten im unberührten Schnee und meinten, bedeutungsvolle Spuren finden zu müssen. Litten wir es vor Ungeduld nicht im Hause, so flüchteten wir in den Pferdestall im Erdgeschoß des Gärtnerhauses. Dort pflegte der Gärtner empfindliche Pflanzen für den Winter zu verwahren; der »Kanonenofen« glühte; wir warfen uns in die Krippen aufs Heu und verzehrten die Gaben des heimligen Nikolaus, umschmeichelt von der feuchten Wärme der atmenden Pflanzen, vom Zauber des kleinen, aus mächtigen grünen

Kübeln aufgesprossenen Palmenhaines, während die Flocken die Fenster verhüllten und die Eintretenden sich den dicken Schnee von den Schuhen klopften. Dort, am Gärtnerhaus, stand die Silberpappel, von der nachts der Uhu rief; ich hatte ihn nie gesehen, nur immer schauernd im Bett gehört und stellte ihn mir als einen majestätischen Vogel vor mit mächtig glühenden Augen.

Die Mutter fehlte an den Nachmittagen und auch an den Abenden und blieb schließlich fast den ganzen Tag in dem verschlossenen Eckzimmer. Der Vater hielt auch jetzt an seinem sorgsamen Tagesplan fest. Nur am späten Abend, wenn er von der Stadt zurückkam, wurde er für eine weihnachtliche Überraschung in Anspruch genommen, die ihm freilich nie glücken wollte; er sollte, während er an unsere Betten trat, irgendein Vorgeschenk des Christkindes, ein Zuckerhäuschen oder einen Engel, ins Zimmer schmuggeln. Er tat es umständlich. Es war ihm nicht gegeben, irgend etwas zu verbergen oder heimlich zu tun. Aber sobald er das Zimmer verlassen hatte, bemächtigten wir uns der Überraschung und nahmen sie für ein Wunder. In dieser Zeit des Wartens und der Vorbereitung, da die Hausordnungen doch ein wenig in Gefahr kamen, übernahmen die alten treuen Anverwandten ein wichtiges Amt; mit unendlicher Geduld ertrug eine alte Tante unser Ungestüm, schälte die Äpfel und Nüsse mit uns oder sie half uns den Baumschmuck bereiten für ein Bäumchen, das wir selber schmücken und in unser eigenes Zimmer stellen durften.

Am Weihnachtsabend gingen wir alle mit dem Vater in die evangelische Kirche; der Weg durch den Garten hinab – auf dem wir hinter uns die noch unberührten Herrlichkeiten bereit wußten – und dann der Heimweg dem schweigenden dunklen Hause entgegen wurden in beseligter Ungeduld bestanden. Dann warteten wir jenseits des Vorraumes, bis die hohe Tür des Eckzimmers sich auftat und der Vater in ihr stand im feierlichen schwarzen Anzuge und hinter ihm die von der Mutter gebaute oder vielmehr gedichtete Krippe aufstrahlte im Schimmer ihrer Lampen und des noch nicht sichtbaren Weihnachtsbaumes. Und dieser Anblick des Vaters ist eigentlich das Unvergängliche des Festes gewesen für die ganze Lebenszeit; denn in diesem Augenblick war er ganz von Liebe umleuchtet, wie niemals in seinem Leben. Etwas Ernstes muß ihn bewegt haben. Aber er sprach nicht von heiligen Dingen. Und doch stand er in einem Glanze, den Menschen nicht auf die Erde gebracht haben.

Und vielleicht ist dies sein Bild, das am Weihnachtsabend aufstrahlte, sein eigentliches Wort an mich, das mich über die vielen Jahrzehnte erreicht. Haus und Garten sind verloren –, oft träume ich mich zurück, daß ich noch einmal als Knabe die Treppe hinaufschritte, ein Gast aus einem fremden, völlig untergegangenen Reich –; die Menschen, die das Haus betreut haben, sind entschwunden, und die Formen alle, auf denen unser Leben sicher zu ruhen schien, sind zerfallen; nur die Wälder stehen über der Heimat wie zuvor, und viele der Bäume im Garten könnte ich noch als Bekannte grüßen. Näher aber als alles Glück der Kindheit, dessen Fülle mich immer beschämen wird als einen Undankbaren, bleibt mir der Vater, dessen fürsorgliche Güte sich wortlos aussagte zwischen den geöffneten Türen, nun, da wir ihnen zuschritten mit den Verwandten und den Menschen allen aus dem Hause, während die Mutter sichtbar wurde neben dem Weihnachtsbaum. Mein Vater hatte nur dieses Wort seines Wesens: einzuladen in die Freude, die seine treue Arbeit bereitet, die er als redlicher Verwalter errungen hatte.

Und dieses Wort möchte ich mitnehmen und immer weitertragen heute und morgen, war es doch in Wahrheit nicht gebunden an das Gefüge einer sinkenden Ära; es ging aus einem großen Ernste hervor und wagte nur einmal im Jahre die Liebe unmittelbar mitzuteilen, die Gott in diese furchtbare Welt getragen hatte. Daß uns einmal ein ganz reines Bild des Göttlichen im Menschen geschenkt werde, ist alles: es geschieht so oft unter Umständen, die wie Träume sind. Ward es uns aber geschenkt, so müssen wir es festhalten; wir sind ihm verpflichtet und haben kein Recht mehr zu glauben, daß der

Mensch verloren sei – selbst wenn das Weihnachtszimmer der Kindheit uns so weit entrückt wäre vom Grauen der Erde, daß es mit dem Einladenden uns heute erschiene wie die Schwelle des ewigen Lebens.

aus »Das Erbe im Feuer«, Freiburg 1946

HOHENBADEN

Über meiner Heimat steht am Hang eines felsgekrönten Berges die Burg Hohenbaden, Stammsitz der Markgrafen von Baden, deren Geschlecht sich von den Zähringer Herzögen abgezweigt hat. Der kühne Umriß der geborstenen Fensterwand, des flachen Turmes dahinter, von dem die badische Fahne über die Buchen- und Eichenwipfel grüßte, erschien in allen Fenstern, hinter denen ich Kindheit und Jugend verbrachte; sie stand über allen Wegen im Garten und an den Waldsäumen und den überschwänglichen Sommerwiesen. Meine Phantasie beschäftigte sich kaum mit dem Leben, das sich da oben entfaltet hatte, bis endlich Krieg und Wetter die Mauern brachen und der Wald sie übersiegte. Die Markgrafen, die um die Mitte des elften Jahrhunderts auf dem Berge über dem Tale der heißen Quellen zu bauen begannen, waren Kreuzfahrer gewesen, zähe, meist vorsichtige Verwalter, die ihre Herrschaft beharrlich ausdehnten, ohne das Ziel zu hoch zu stecken. Ein Heiliger war auf der Burg geboren, Bernhard der Selige, der die Herrschaft niederlegte, um, in spätester Stunde, als die Türken Konstantinopel erobert hatten, die Kreuzfahrt vorzubereiten. Er starb als Jüngling (1458), ohne im weltlichen Sinne etwas erreicht zu haben; mit ihm schwindet der Ruhm der Ritterschaft in das Unsichtbare hinüber. Im 18. Jahrhundert erhob Ludwig Wilhelm als Feldherr den Namen noch einmal; der Glanz früher Siege über die Türken verwelkte ihm unter den Händen während der Kriege am Rhein. Unter seinem mächtigen von Waffen und Fahnen starrenden Epitaph in der Stiftskirche, zwischen den Särgen und Grüften seiner Vorfahren, ging ich als Knabe zum ersten Mal an den Altar; das war im April des Jahres 1914, unmittelbar vor dem Einsturz.

Für mich war die Burg einfach Zeuge des Gewesenen, Geschichte als solche berührte mich nicht. Ich stieg wohl einmal an einem Sonntagmorgen erschauernd in die kellerartigen Ruinen römischer Bäder hinab, die sich, nahe dem Ursprung der Quellen, unter dem Kloster zum heiligen Grabe hinbreiten. Das Kloster ist Stiftung einer badischen Markgräfin; die Ordensfrauen in ihren altertümlichen Hauben, deren Leben von der Verehrung des heiligen Grabes geprägt ist, erscheinen mir heute in ihrer unantastbaren Würde wie die fürstlichen Frauen selbst, die über ihnen in dem Neuen Schlosse wohnten; sie vergessen die Gründerin nicht, so wenig wie draußen die edlen Frauen des weit älteren Klosters Lichtental, die noch immer beten für die Toten des Hauses Zähringen, für Friedrich von Baden und Konradin von Hohenstaufen, deren Blut zusammenströmte auf dem Merfato Nuovo zu Neapel. Königtum, fürstliche Art, stürzten die beiden Jünglinge in Schmach; aber in ihr errangen sie ihre Kronen aufs neue, so wie Bernhard der Selige eine Krone erwarb, als er im Dienste des Herrn als Unbekannter in Moncalieri bei Turin starb, und wie Ludwig Wilhelm seinen Ruhm opferte für die Verteidigung der Heimat.

Vielleicht ist das der Sinn meines Lebens gewesen: die Krone wieder zu finden und zu preisen, die in der Erniedrigung gewonnen wird. Es ist einfach die christliche Krone. Heute ist es mir von Bedeutung, daß die Stiftskirche, wo ich getauft bin, auf Mauerwerk der römischen Kaiserzeit ruht; daß dort die Cäsaren sich an den aus dem Schwarzwald brechenden Quellen erfrischten; und daß einmal der kluge zögernde Habsburger Friedrich III. auf dem Marktplatz vor der Kirche tagte. Hier wurde ich in die Kirche aufgenommen; und wer in die Kirche eingeht, der betritt im ernstesten Sinne den Ort der Geschichte. Denn die Kirche ist, wie Novalis sagte, »das Wohnhaus der Geschichte«.

Die Oos, das Flüßchen im Tal, war die Grenze zwischen den Franken und Alemannen; ich bin auf dem alemannischen Ufer geboren. Christentum und Heidentum trafen hier aufeinander; zwischen dem Battert, dem Berge der Markgrafen, und dem erloschenen Vulkan, auf dem die Römer das Bild Merkurs errichtet hatten, warfen Engel und Teufel Felsenkanzeln gegeneinander auf; hier stritten sie um die Seelen der Menschen. Draußen, vor den sonnendurchglühten Rebhängen, steigt das Straßburger Münster aus dem flimmernden Dunst; die Sonne zerbricht an dem ehernen Zug der Vogesen, und alle die Burgen unseres Heimatufers: Hohenbaden und Eberstein, die Yburg, die Windeck, Lauf, Brigittenschloß sprechen das Wort nach vom Streit an der Grenze: sie sprechen es wie irre Greise Worte der Jugend wiederholen, die einmal erfüllt waren vom Klang und Schicksal und nun sinnlos geworden sind.

Das ist das Bleibende, ist was ich empfangen habe ohne es zu verstehn, so wie die südliche, von unterirdischem Feuer geformte Linie der Landschaft sich mir einsenkte; ich liebte sie, ohne daß ich sie verstand. Aber ich glaube nicht, daß die Umgebung einen Menschen erklärt oder bestimmt; er kann sich im besten Falle an ihr verstehen lernen; was er von ihr annimmt, was er von ihr abwirft, was er bejaht oder verneint, kann ihn sich selbst verdeutlichen, der im übrigen unlösbares Rätsel bleibt. Er selbst muß die Zusammenhänge verantwortlich wählen, in die er sich stellen will; er muß sich zu dieser Wahl gerufen fühlen und sie als Auftrag vollziehn. Dieses »Muß« ist der Kern der Person.

Ich bin in einem Kurort, der sich noch lieber »Weltbad« nennt, geboren und aufgewachsen; damit beginnt der Widerspruch. Ein Kurort ist Herberge, nicht Heimat; ein Kurort kennt nicht mehr Volk im eigentlichen Sinne als festgewurzelten Zusammenhang der Lebenden und der Toten, der Zeiten überhaupt. Aber der Riß geht tiefer: mein Elternhaus war ein Gasthaus; »Maison« nannte es sich in der ersten Hälfte des vorigen Jahrhunderts, später Hotel; wie ein Kurort kein Volk kennt, so ein Hotel keine Familie; wo alle Türen offen, wo keine Wände sind, sondern nur das Durcheinander der Ankommenden, Abreisenden, Auspackenden, Einpackenden und der sie bedienenden Pagen und Kellner vorübertreibt und kreist, kann keine Familie sein. Wir hatten das Glück, daß im Winter die Häuser geschlossen wurden und die Wände sich zusammenfügten, aber in einem jeden Frühling wurden sie wieder aufgerissen, zerfiel was sich hatte formen wollen. Es war ein haltloser Wechsel zwischen Ordnung und Auflösung, Sammlung und Geschäft, eine immerwährende Veräußerung des Unveräußerlichen. Aber es war das Haus, in dem Wilhelm I. und später noch Kaiserin Augusta zu wohnen pflegten; das war die »große Zeit« des Hauses; »Erinnerung aus großer Zeit« hatte mein Großvater auf einen Glaskasten schreiben lassen, in dem ein unbeholfenes Pärchen Schwarzwälder Puppen stand; sie waren ein Geschenk des Alten Kaisers an meine Mutter. Ich erinnere mich, als Kind noch den »Alten Großherzog« Friedrich I. gesehen zu haben an der von einem Vordach geschützten Treppe des Neuen Schlosses, einen etwas korpulenten weißbärtigen Herrn im schwarzen Anzug; der Garten war geöffnet auch wenn die Herrschaften das Schloß bewohnten. Diese Erinnerung verbindet sich mit Bildern und Erzählungen; noch immer ist für mich Friedrich I. der Inbegriff anspruchslos würdigen Herrschertums, das im Grunde einfach Vatertum ist: Autorität und Macht, geeint in der Liebe. Vatertum bedeutet: Wirken in der Familie und aus ihrer Kraft, im überschaubaren Zusammenhang der Lebenden und der Toten, der unmittelbaren Verantwortung vor Vätern und Enkeln. In dieser grundlegenden Gegebenheit stimmt die Monarchie mit ehrwürdigen republikanischen Formen, sei es der freien Städte, der Eidgenossenschaft oder der freien Bauernschaften überein: herrschen kann nur, wer in der Familie steht; wer imstande ist, ein Haus geschlossen zu halten, es zu versehen und zu vererben.

So leuchteten noch echte Bilder in diese wenigen Kindheitsjahre vor dem ersten Krieg: die Kirche, die Krone, die Vergangenheit. Aber es wäre niemand in meiner Umgebung imstande gewesen, sie zu erschließen. Sie waren konserviert in einer tödlichen Selbstverständlichkeit. Alle Menschen bekannten sich zum Christentum; ich zweifle ihren Glauben nicht an; aber kaum einer wäre fähig gewesen, das Wesen dieses Glaubens in wenigen Sätzen auszudrücken. So auch bekannten sie sich zur bestehenden Staatsform. Das Wesen der Krone, die einzig zu verstehen ist als Zeichen der himmlischen Herrschaft, des Vaters und des Sohnes, war ihnen entschwunden. Nicht anders wird es sich verhalten haben mit dem Wesen des Rechtes, der Sittlichkeit, der Wissenschaft, die unter allen Werten am höchsten stand, wenngleich auch sie, was den Ernst der Bewertung betrifft, von der Einschätzung des kaufmännischen Berufs weit überholt wurde.

Die Schule suchte mit ergreifender Arglosigkeit das Unvereinbare zu vereinen: Religion und Naturwissenschaft, Aufklärung und Monarchie; sie übermittelte den Schülern die Teile des Katechismus und die Lehre Darwins, monarchische und demokratische Ideale unter der ihr vielleicht nicht einmal bewußt gewordenen Voraussetzung, daß es den Kindern gelingen werde, aus diesen Widersprüchen ein Ganzes zu machen – aber ohne zu fragen, wann und wie das geschehen sollte. Im Lande Baden, dem vorbildlich verwalteten Lande des »Alten Großherzogs«, erfreute sich die Schule einer fast sakralen Autorität. Alle Eltern waren überzeugt, daß sie den Kindern keine größere Wohltat erweisen könnten, als das Schulgeld zu bezahlen. Die der Familie übertragene Verantwortung wurde in dem Maße, in dem die Familie zerfiel, der Schule zugeschoben. Und doch war im Bild der Krone noch die echte Ordnung eingeschlossen; sie war der Zeit so fremd wie es die hohen vier- und sechsspännigen, von den Jagdhörnern der Lakaien umklungenen Wagen waren, mit denen die Herren zu den Iffezheimer Rennen fuhren: in der großen Woche, da von unserem Hause die Fahnen aller Nationen wehten. Es ist ein Bild, das mich noch immer ergreift, weil es, unter der Glut des Augusthimmels, wie eine Luftspiegelung die Einheit der Welt darstellte, der Völker, der Sprachen und Machtformen, Bekenntnisse und Ideen. Aber wer verstand die Embleme, die geschichtliche Todfeindschaft zwischen der Trikolore und dem gekrönten Adler? dem Adler, der ja der Vogel des Apokalyptikers und der Apokalypse ist?

Unverständliche Zeichen flammten auf: das Erdbeben von Messina, die Ermordung des Königs von Portugal (wir sammelten die Briefmarken, auf denen das runde gutmütige Gesicht Carlos' I. mit »República« rot überdruckt war), der Fall des chinesischen Kaisertums, der Untergang der Titanic, mit dem die Zeit ihr unüberbietbares Symbol gefunden hatte. Die Ankommenden, Abreisenden in hochbepackten Kutschen und Autos, die Reiter am Wiesensaum, der Blumenkorso, der sich unter fliegenden Sträußen durch die Allee bewegte, die Formen, Überzeugungen, Ideen waren nicht wirklicher als die Raketen, die über dem Kurhause zerstäubten und die Lämpchen, die unter den alten Bäumen flimmerten, während, als Glanznummer zum Schlusse das von den Greifen gehaltene Landeswappen aufzuckte und die Kurkapelle »Heil Dir im Siegerkranz« spielte.

VON BELÉM ZUM ESCORIAL

Nacht. Das Leben war unmöglich geworden. Seine irdische Unheilbarkeit im Persönlichen wie im Ganzen, die Unheilbarkeit der Welt war mir für immer aufgegangen. Heute sehe ich wohl, daß es mein Weg und meine Bestimmung war, vom nihilistischen Pessimismus zum christlichen durchzudringen, von der absoluten Tragik zur Tragik unter der Gnade, aber damals war mir Tragik »oberster Wert«, zugleich Weg und Ziel, Leben und Ende. Der Weg konnte wohl durch ein Idyll hindurchführen, durch einen Traum, wie ja die Tragödie ohne idyllische Züge kaum gedacht werden kann; aber das Bewußtsein der Unheilbarkeit durfte auch im Idyll nicht aufgehoben werden. Ich kann hier nicht von den Denkern sprechen, die auf mich wirkten; es geht mir nur darum zu zeigen, auf welchen

Umwegen ich auf den Felsen stieß, der meine Überzeugungen und meine Arbeit trägt und von den Umwandlungen der Welt nicht mehr erschüttert werden kann.

In Portugal, namentlich im Portugal des ausgehenden 16. Jahrhunderts, fand ich die Möglichkeit, meine Erfahrung, meine Haltung auszudrücken; ich fand das Unerträglich-Subjektive objektiviert; das Geschichtliche dämmerte mir als eine Art Erlösung, als ein Durchbruch zu umfassenden Lebensgehalten. Dieser Durchbruch kann aber nur dann gelingen, nur dann Wahrheit sein und Überzeugungskraft erlangen, wenn wir das Geschichtliche als unveräußerliche Lebenssubstanz in uns entdeckt haben; wenn wir erfahren, daß wir in Völkern leben und einem grenzenlosen Zusammenhang der Lebenden und Toten verpflichtet sind. Ich wollte über Camões schreiben; aber nicht über die in der Literaturgeschichte reflektierte Gestalt, sondern über den Dichter, der alles erlebte was sein Volk war, getan, verfehlt hat; seine Leistungen und Gefahren, seine Siege und Verhängnisse; er war in die Stunde des Untergangs gesendet, aber er – und er allein – gab diesem Untergang Sinn durch sein Werk, klagte an und rechtfertigte zugleich. Ich stand also schon am Ausgang ästhetischer Wertsetzung, wenn auch keineswegs auf festem Boden; am Epitaph, das der Dichter seinem Volke schrieb, zerbrach die Sinnlosigkeit der Verfehlung und Katastrophe. Kunst steht also nicht für sich allein, sondern sie steht in der Geschichte, in einer Ordnung sich umfassender, vom Volk zur Christenheit, zur Welt ausschwingender Kreise; sie gedeiht in einmaliger Stunde, jeweils an einem Ort, der ein zweites Mal nicht betreten werden kann. In der Kapelle des Hieronimiten-Klosters Belêm bei Lissabon, wo unter dem Gekreuzigten die Särge des Königs Sebastian, Vasco da Gamas und des Camões stehen, fand ich alles gegenwärtig, was das portugiesische Volk, was ich selbst erlitten hatte bis in die Abgründe und Labyrinthe des Doppelsinns; das Leben am äußersten Rande, am Ufer des Atlantik, vor der Nacht der Sinnlosigkeit war hier ausgetragen, besiegelt, verkörpert; untergegangene Reiche hatten hier ihr Wort gefunden, grablose Tote ihre Ehre (denn der Leichnam des Königs ist ja verschollen in afrikanischem Sand). Die eigentliche Geschichte hatte nicht die Größe, von der das Gedicht des Camões tönt; sie war groß und zugleich kläglich, entstellt von Verbrechen, Schwäche, haltloser Flucht in den Traum. Gerade Camões hat das bezeugt. Aber auf dem untergehenden Schiff stimmte er einen verklärenden, ehernen Gesang an, der aus der Kraft der Leiden entflammen sollte.

Als ich an dem ersten Versuch, dies auszudrücken, versagte und verzweifelte, fuhr ich nach Madrid und hinauf zum Escorial. Philipp II. hat Portugal erobert, überwunden, als Macht vernichtet. Suchte ich den Überwinder Portugals, den Überwinder auch meiner selbst? Von dem unerbittlichen Ernst der gewaltigen Fronten unter dem Felsengebirge, von dem Arbeits- und Sterbezimmer des Königs ging eine Macht aus, die ein Mensch nur ein einziges Mal erfahren kann. So setzte eine Art von Generalüberwältigung ein, die wenigstens ein Jahrzehnt beanspruchen sollte. Ich glaubte damals nicht. Ich hatte nicht einmal eine zureichende Vorstellung vom Wesen des Christentums. (Was ich von Taufe und Sakrament in Wahrheit empfangen hatte und in der Seele trug, ahnte ich nur in Augenblicken; es war mächtig in mir und dann auch in meiner Arbeit, ohne daß ich es ergriff und ergreifen wollte; mein Denken widerstrebte dieser Macht durchaus, aber sie führte mir die Hand und befahl mich auf meinen Weg.)

Was war die Größe Philipps II.? Sein Dienst. Für ihn war Wahrheit Geschick, Glaube, Gesetz; er wünschte Wahrheit und Glauben zu verherrlichen und war überzeugt, daß König und Volk – er ist bei aller Distanz durchaus ein Volkskönig und wurde als solcher verstanden – die Aufgabe der Verherrlichung hatten, und daß es eine weltliche Glorie der Wahrheit gebe. Aber er war auch bereit, die Glorie zu opfern, wenn Gott es so wollte; er konnte nicht Herrschaft ausüben, nicht Macht verwalten, die im Widerspruch zur geglaubten Wahrheit standen. Mich ergriff das Absolute in dieser Haltung; ich leugne nicht, daß ihm der König im politischen Ethos oftmals widersprach oder auswich, daß viele seiner Taten von Zweideutigkeit befleckt sind. Ich verteidige nicht die Mittel, mit denen er meinte die Wahrheit schützen zu können, zu müssen. Aber die Überzeugung, die ihn formte, verriet er niemals; sie befähigte ihn, dem unheimlichen Rätsel der Geschichte standzuhalten: dem Rätsel, da Gott die Feinde der Wahrheit siegen ließ und das Herz seiner Freunde heimsuchte in der Nacht.

Das Christentum erschien mir in dem einzigen Aspekt, in dem es mich erreichen konnte: im tragischen. Denn auch hier war Untergang; aber die überwindende Form, das Gleichnis des Escorial, gründete nicht auf der Kunst, sondern dem Glauben. Ich sah ins Antlitz eines Herrschers. Sein Geheimnis waren: das Leiden, das Opfer, die Tragik des Vatertums; verehrte er doch seinen Vater wie keinen Menschen mehr, opferte er doch den eigenen Sohn. Die Vergeblichkeit des Irdischen schien ihn zu überschatten. Er konnte nicht hoffen, daß die Erben stark genug seien für die Last, die er ihnen hinterließ; in der Zeit war keine Verheißung, das die im religiösen Streit auseinandergeborstene Welt sich zusammenschließen werde. Das alles rührte nicht an Philipps Festigkeit. Er war gesendet; die Welt aber war in der Hand des Unerforschlichen, der ihn gesendet hatte. So ist nicht seine Macht sein Vermächtnis, sondern sein Bekenntnis zum Kreuz. Er war gleichsam gekreuzigt zwischen Wahrheit und Welt: der Wahrheit, die sich nicht verändern kann und der Welt, die die Wahrheit nicht empfangen will; in der Welt unwiderruflich beamteter Statthalter des Königs, dessen Reich nicht von der Welt ist; in ihm sollte das Unvereinbare Leben sein, Wirklichkeit, Hoheit: das war Leiden des Königs. Sein Tod wurde zum unwiderleglichen Zeugnis. Wie er mit von Wunden bedeckten Händen das Sterbekreuz des angebeteten Vaters ergriff, so hatte er das Schicksal der Könige ergriffen: zu tun was sie nicht wollen, gegen sich selber zu handeln und das in der schrecklichen Ahnung, daß Gott gegen sie handelt und also ihr Herz prüft: Gott, der sie nicht verläßt.

Das Größte Philipps, das Siegel seiner Tat, war also die Agonie. Aber in der Agonie vollendet sich das Christentum wie sich Christus in ihr vollendet hat. Ich hörte in der Allerseelennacht des Jahres 1928 die Glocken von Avila zum ersten Mal, den Ruf des Karmel, die Stimme der großen Teresa und des Johannes vom Kreuz; es war die Gestalt des Christentums, die mich einmal bezwingen sollte und die sich unter der Krone Philipps II. vollendet hat. Nun erst, da ich mich von Portugal schon geschieden hatte, konnte ich, dahin zurückkehrend, das Wort finden für Portugal, für ein unsägliches, verkanntes Leiden. Ein solches Leiden ist nur das Tuch, das das Kreuz verhüllt. Ich war noch lange nicht imstande, es abzuziehn.

VON MEMLEBEN NACH ST. PAUL

An der Unstrut, zwischen Freyburg und Artern, liegt die Ruine des Klosters Memleben, wo Kaiser Heinrich I. und sein Sohn Otto der Große gestorben sind. Es ist stilles Wiesenland; zwischen den umbüschten Ufern des noch ungetrübten Flusses spiegelt sich der reine Himmel. Der Wendelstein grüßt herüber, die Burg Heinrichs I.; nicht weit aufwärts liegt Wallhausen, wo der erste Sachsenkaiser Hochzeit hielt, wo Otto geboren ist. Nirgendwo habe ich das Zusammenspiel großer Geschichte mit dem Wehen des Geistes auf so erschütternde Weise empfunden wie im Tale der Unstrut, ihrem Umland und dem Gebiet ihrer Nebenflüsse; Naumburg ist nicht ferne und Schulpforta mit ihren gewaltigen Überlieferungen, Burg Goseck über der Saale, der Geburtsort des tragischen Erzbischofs Adalbert von Bremen, durch deren Tor in später Zeit, als alles zu Ende war, Novalis ritt, die Vision des Abendlandes vor Augen; über dem adeligen Dom von Freyburg, in der Neunburg, dichtete Heinrich von Veldecke an der Aeneis, kehrte – immerwährendes Widerspiel zwischen Größe und Ende – Königin Luise ein unter den Schatten der Niederlage; bei Burgscheidungen erlag und fiel der Thüringerkönig Berthar, der Vater der heiligen Radegundis (531): so steht, wie so oft, eine Heilige am Ende einer Macht; in Artern am Unstrutbogen schlug Heinrich I. die Ungarn (933); unter dem Kyffhäuser liegt Tilleda, wo der Staufer und der Löwe einander begegneten. In Artern waren Goethes Vorfahren gesessen; Luther und Bach sind nahe und gegenwärtig ist der unheimliche Aufrührer Thomas Münzer, der oben in Allstedt (einem versprengten Ländchen des Großherzogs von Weimar) seine Schriften druckte und die Aufruhr-Glocke zog. Aus Wiehe, gegenüber von Memleben, kam Ranke, der in großartiger Freiheit die Geschichte der europäischen Völker überschaute und mit den Vergangenheiten umging, als seien sie Gegenwart.

Aber das Geheimnis, das wohl auch Ranke nicht aussagte, ist Memleben. An die überwucherten Pfeiler der Klosterkirche waren die Bilder der großen Kaiser gemalt; sie sind erloschen; nur wenn der Regen die Steine feuchtet, erscheinen sie wieder: das Reich dämmert auf, schwindet, ist da und ist doch nicht. Und wo kann es nun sein nach der vernichtenden Entweihung seines Namens in den zwölf Jahren?

Ich wollte damals, im Jahre 1934, versuchen, die Geschichte der drei großen Kaisergeschlechter in einem dreibändigen Werke zu erzählen. Die Gestalt des Reiches hätte daraus hervorgehen sollen, die sich ja nur in Gestalten und Schicksalen, nicht in Formeln fassen läßt, als der größte Versuch, Weltreich und Gottesreich in eins zu fassen; er steht für die unverrückbare Tragik aller Geschichte, den Widerspruch der Sendungen und Gewißheiten, in dem als Wahrheit unseres Daseins das Kreuz erfahren wird: das Kreuz, an das auch die geschlagen werden, die es verleugnen.

Aber die Ereignisse des Jahres 1934 wühlten mich in solchem Grade auf, daß ich nicht imstande war, meinen Plan auszuführen. Die Arbeit wäre von Satz zu Satz ein Protest geworden; das hätte den großen Vorwurf – er ist der bedeutendste überhaupt und hätte mich gewiß überfordert – verdorben. Sicherlich wäre ich über der Arbeit zum Christen geworden. Aber mein Weg sollte ein anderer sein. Um mich zu zerstreuen, fuhr ich im Herbst auf wenige Tage nach England. In St. Paul überkam mich die unerwartete religiöse Mächtigkeit des Raumes. Nun stürzte die Geschichte Englands auf mich herein. Auf dem Wege nach Westminster entwarf ich ein Buch, das »Die Entscheidung Heinrich VIII.« heißen sollte: die Lossage von Rom und der Aufgang des Empires sollten sein Thema sein. England war für mich das »Gegenreich«; und da ich die Geschichte des Reiches nicht erzählen konnte, so wollte ich, noch immer erst auf den Treppen des Heiligtums, die Geschichte des Gegenreichs gestalten. Hier war ich auf fremdem Boden, Erfahrungen gegenüber, die mich nicht in gleichem Maße schmerzten wie die des eigenen Volkes. Aber um den Tudorkönig und seinen Widerspruch, seine Kälte und Glut zu verstehen, mußte ich zu den Anfängen zurück; ich mußte, um die Wirkungen anzudeuten, die Perspektive durchführen bis zum ältern Pitt. So entstand das Buch, das nur Bild sein will. Für mich war es die religiöse Entscheidung. Über der Arbeit erkannte ich Christus den König. Sein Zeuge war freilich nicht der Held, aber die Heiligen waren es, die unter ihm starben; Columba war es, der königliche Priester auf Jona: Prophet und König zugleich im Sinne des Alten Testamentes und der irischen Überlieferung; Verzichter, der einen bohrenden Schmerz im Herzen trug und sich vom Irdischen Königtum zum ewigen wandte im Sinne des Evangeliums. Alfred der Große blieb mir der willkommene König, in rastloser Hingabe wirkend in seinem Volke, Vater und Herr, Lehrer und Rechtswalter, Mahner und Prophet weit über seinen Tod hinaus und doch von einem Leiden gezeichnet, das sein Geheimnis blieb und ihn Christus, dem König, zuordnete wo immer er war, was immer er tat. Aber auch Karl I. war echter König, zum mindesten im Kerker, vor den Richtern, in seiner letzten Nacht und auf dem Schaffot. Auch Heinrich VIII. war es, wie seine Tochter Elisabeth, nach Ursprung und Art, aber unter der Blendung, der Zerstörung der Dämonie.

Nun, ruhiger geworden, wagte ich es doch noch von der Krone des Reiches zu sprechen, von ihrer umwandelnden

Macht, die den Aufrührer Lothar von Supplinburg, nachdem er gegen die salischen Kaiser gestritten hatte, zum echten Kaiser erhob – so wie sie später Rudolf von Habsburg umwandelte. Lothar kam in späten Jahren zur Herrschaft, zwischen den Saliern und Staufern; auf ihm ruhte der niemals erfüllte Anspruch des Welfenhauses; seine Herrschaft könnte fast als retardierendes Moment erscheinen, wenn er nicht die großen Grenzwächter-Geschlechter, die Wettiner, Askanier und Schaumburger eingepflanzt hätte; seine Größe war seine Weisheit, das Maß. Als über dem Dome zu Bari (1136), wo der greise, dem Tode schon nahe Kaiser kniete, während der Papst die Messe feierte, eine Krone erschien, über ihr die Taube und Kerzen zur Seite: da war das Reich da, für einen Augenblick, unter der Macht des Heiligen Geistes; Himmlisches wurde sichtbar, das Irdische wurde heilig. Das konnte nicht dauern. Aber es ist das Bild, das mehr als ein jedes andere berufen war, Geschichte zu führen.

Lothars Stiftung, Denkmal und Grab, ist der Dom zu Königslutter am Elmwalde bei Helmstedt, (dicht an dem Riß, der heute die Welt zerteilt). Sein Blick war mit gleicher Entschiedenheit nach Osten, Norden und Süden gerichtet. Er war Wächter der unteilbaren Welt. Aber er starb in einem Bauernhause auf der Heimkehr von Italien. So ist sein Tod ein Zeichen des Eingangs der Herrlichkeit in die Verborgenheit, der Macht in die Erniedrigung; Sinnbild christlicher Herrschaft, deren Träger und Richter der im Stall geborene geschmähte Weltkönig ist.

DER BRUNNEN DES HEILIGEN SEBASTIAN

Neben meiner kleinen Pfarrkirche in Freiburg steht ein Brunnen aus dem roten Sandstein unseres Landes. In die Brunnensäule sind Doppeladler und Kaiserkrone eingehauen, darüber, zwischen den Wipfeln junger Linden, steht Sebastian, der von Pfeilen durchbohrte Heilige. Hier erhob sich einstmals das Kloster Adelhausen, dessen Ordensfrauen im Gebet mit Gesichten und Zeichen begnadet wurden. Eine Schwester Rudolfs von Habsburg war die erste Äbtissin. Das Kloster ist spurlos verschwunden. Der Brunnen, der früher an anderer Stelle stand, stammt aus dem späteren 18. Jahrhundert; er ist eines der letzten Denkmale der vielhundertjährigen Habsburgischen Herrschaft in unserem Lande, des Reiches selbst, Vorzeichen der mit der Revolution beginnenden Epoche, in der das Leiden erhoben wurde über die Krone. Ich möchte glauben dürfen, daß der Brunnen Marie Antoinette gegrüßt hat, als sie vom Schwarzwald durch unsere Stadt reiste, hinüber nach Frankreich, in den Glanz und die Schande.

Das Leiden war immer in die Krone eingeschlossen; das gehört ja zu ihrem Geheimnis: zur Einheit von Leiden und Macht; die Macht wird vom Leiden nicht zerstört, das Leiden von der Macht nicht beschwichtigt. Aber nun ist der von Pfeilen durchbohrte Leib das entscheidende Zeichen. Das gilt nicht allein, in größerem oder geringerem Grade, für die Erben der Könige; es gilt viel mehr noch für die letzten, denen die Krone im Herzen brannte. Nachdem ich mein Buch über die Hohenzollern veröffentlicht hatte, besuchte mich Jochen Klepper, der eben mit der Arbeit an seinem grandiosen Friedrich Wilhelm Roman »Der Vater« begann: ich war von der Tragik des Königtums ausgegangen, von seiner den Träger zerstörenden und kraft der Zerstörung wieder erhaltenden Gewalt, zugleich, im größeren Zusammenhange, von der tragischen Begrenzung eines geschichtlichen Auftrags, der gewisse geistige, zeitliche und geographische Gegebenheiten nicht überschreiten kann ohne zu zerfallen. Klepper ging aus vom Wort der Schrift, Alten und Neuen Testaments; zunächst vielleicht des Alten; wie in seinem Friedrich Wilhelm das alttestamentarische Königsbild auflebt und dann überhöht wird vom Bilde des seinen Sohn opfernden Vaters, das erscheint mir, im Medium des farbenkräftigen Zeitbildes, als die einzigartige Leistung des Epikers Klepper. Die Worte der Schrift leiteten ihn durch unermeßliche Schwierigkeiten; an ihnen klammerte er sich fest, wenn er sich versagen fühlte; sie geboten ihm, weiterzugehen. Zwischen dem Alten und dem Neuen Testament entschied sich sein Leben; er konnte seine jüdische Frau und deren Tochter wohl noch zu Christus führen; aber er ging mit ihnen in den Tod, als er sie gegen die Tyrannis nicht mehr schützen konnte, durch seinen Tod den Protest und das Zeugnis ablegend, die dem Worte versagt waren.

Ulrich Freiherr von Sell gehörte zu den wenigen, die den Gestürzten von Doorn als ihren Herrn ansahen bis zum Ende, die ihn nicht verrieten und von denen er sich nicht trennen wollte. Wegen der Teilnahme an der Verschwörung des 20. Juli kam er in Haft; er starb, nachdem er kaum aus dem Gefängnis entlassen war, in einem östlichen Lager, gegen Ende des Jahres 1945; ich weiß nicht unter welchen Leiden. Karl Ludwig Freiherr von Guttenberg, dessen König Ruprecht von Bayern war, spielte, ebenso kühn wie entschlossen, zuversichtlich, fast heiter, eine bedeutende Rolle in der Verschwörung; nach schwerer Mißhandlung wurde er im April 1945 aus dem Berliner Gefängnis verschleppt und wahrscheinlich im Trümmerfeld ermordet; er ist verschollen. Sell und Guttenberg lebten in evangelischer und katholischer Ausprägung Rittertum, eine Haltung, deren Unentbehrlichkeit in unserem Volke gerade ihr Verschwinden deutlich macht. Sie waren frei und gebunden, nüchtern, verpflichtet dem völlig unpathetischen Gesetz ihres Adels, unlösbar verwachsen mit ihrem Stamm, ihrem Lande; was ihnen geboten, was ihnen nicht erlaubt war: das sagte ihnen ihre Art, die Verantwortung vor den Vätern und vor dem Ganzen. Echter Adel kann in keinem Gegensatz stehen zum Volk; er ist ja nur in ihm möglich; nur wenn er zur Klasse entartet und das Volk zur Masse, werden sie Todfeinde; Adel, der die Kontinuität des Geschichtlichen vertritt, hat nirgendwo eine wichtigere Aufgabe als unter einem Volke, das immer im Zweifel ist über die Form seiner geschichtlichen Existenz. Er kann wohl durch das Militärische hindurch, aber das Soldatentum hat seine eigene Ehre und kann den Adel als solchen nicht prägen und bestimmen. Während des Krieges sagte mir ein junger Herzog: »Vor allem bin ich Soldatenkind«. Er wußte nicht, was er weggeworfen hatte, nicht, was den Fürstenmantel von der Uniform unabänderlich unterscheidet. Daß die Könige sich als Offiziere empfanden: das eben war der Untergang. Der König kann nur Feldherr sein, sofern er dazu berufen ist, nicht Offizier.

»Wer wird mich alte Frau nun grüßen«, fragte eine Frau in einem Dorfe des Ostens, als der letzte Standesherr gestorben war. Es ist für mich die ergreifendste Klage um das Rittertum. Denn das eben ist sein Wesen: die zu grüßen und zu beschützen, die niemand eines Grußes für wert hielt und für die Verfolgten und Verachteten einzustehen oder mit ihnen zu leiden. Adel, der die Verfolgten mitverfolgt, ist verfallen. Es gab, im Leben Guttenbergs, Augenblicke (im Jahre 1932), da es möglich schien, die Krone über Bayern wieder zu erheben; aber er war nie im Zweifel, daß nur die Liebe des Volkes, in dessen Herzen die Krone leuchtete, dies vermocht hätte. Wir wissen wohl, daß es nicht gelingen konnte. Vielleicht wäre auch dies der Weg zum Verhängnis gewesen; denn Preußen hätte nachfolgen müssen und seine Monarchie wäre Militärmonarchie geworden. Aber wenigstens drei Verbrechen waren unvereinbar mit der Krone: Die Verfolgung der Juden, der Kirche und der grundsätzliche Bruch des Rechts.

Hinter dem Rittertum – das hebt es vom Bürgertum ab – steht echte Metaphysik. Nach dem »Parzival« Wolfram von Eschenbachs sind die Wächter des Grals wegen ihres Ungehorsams auf die Erde verwiesene Engel. Es ist damit gesagt, daß im Rittertum etwas unbedingt von »oben« ist; daß es seine innerste Kraft empfängt von der Verehrung des Leidenskelches, der die Welt erlöste; und daß sein Wirken auf Erden Verbannung und Sühne ist. Stellt es sich nun in den Dienst des Königs, so muß der König diese Wahrheiten in noch höherem Sinne verkörpern. Oder aber es beginnt die Passion derer, die im König allein das Königtum, nicht mehr seinen Vollzug verehren können.

Die höchste Erscheinung verehrte ich in dem Kronprinzen Georg von Sachsen, der nach der ersten Revolution seinem Anspruch entsagt hatte und Priester geworden war. Er wohnte in Berlin in dem Hause der Jesuiten in einem bescheidenen Zimmer; ein Feldbett, ein Schreibtisch, ein Schrank, auf dem ein Vulkanfiberkoffer lag: das war fast die ganze Einrichtung. Er fuhr während des Krieges in der verdunkelten dritten Klasse der Stadtbahn, gekleidet in den dürftig modernisierten Pelzmantel des vor siebzig Jahren verstorbenen Königs Johann, immer auf die Menschen achtend, sie ansprechend in seinem nie verleugneten Dialekt, geduldig zuhörend, um vielleicht ein Wort zu finden, das ihnen helfen konnte. Der zum König Geborene war Seelsorger des Volkes geworden, Beter, Fürsprecher, priesterlicher Vermittler. Im Priestertum ergriff er sein Königtum wieder und nun unbedingt und ohne Furcht, getreu der Verheißung, daß der Christ zum königlichen Priester erwählt ist oder den Worten des Makarius, der von den Christen, den mit dem himmlischen Oele Gesalbten, sagt, »daß sie Könige und Propheten himmlischer Geheimnisse sind. Diese sind Söhne, Herren und Götter, Gebundene, Gefesselte, Gekreuzigte und Geweihte.« So konnte er durch Dresden gehen, und es war wirklich seine Königsstadt, ihm so teuer, daß er einmal sagte: er sei dankbar, daß er nicht König geworden sei; diese Stadt sei so schön, daß ihm das Scheiden im Sterben allzu schwer gefallen wäre.

Den Untergang erlebte er nicht mehr. Er ertrank am 14. Mai des Jahres 1934 beim Baden in der Havel, zum unverwindlichen Schmerz derer, die ihm begegnen durften; vielleicht aber war dieses Ende die Antwort göttlicher Liebe auf sein Leben, sein Opfer. Gott rief ihn ins Freie; sein Bild aber sinkt tief und tiefer in das Verborgene, eine Gnadenmacht, die letzte Gabe des Königshauses an das maßlos leidende Volk.

Ehre den Besiegten! Sie sind unbesieglich geworden. Sie haben bezeugt, daß ihr Auftrag von oben war: daß die Form nicht zerstört werden kann vom Versagen der Träger und Völker. Ritterschaft, Königtum konnten nur noch erscheinen in einem ritterlichen, königlichen Tod. Indem die Letzten in Schmach und Verborgenheit starben, erhoben sie den König, sein in der Seele behauptetes Bild, zum Richter der Zeit, die sich an allem versündigte, was königlich ist. Die Krone Sebastians ist nicht die goldene der Herrschaft; sie ist die Krone des weißen, des roten Martyriums.

aus »Die ewige Krone«, Olten 1954

LEBENSRINGE

Wir erleben viel mehr die Zeit als uns selbst. Der Ablauf der Zeit, der Wechsel der Epochen, die Umwandlung der Farbe und des Gepräges sind das Unerklärliche, das wir erfahren. Wohl besteht ein Zusammenhang, die Grenzen sind fließend; auch trägt eine jede Epoche ihren Widerspruch in sich. Dahinter ist ein Ruf, den wir lernen sollen zu verstehen; aber den Plan des Ganzen durchschauen wir nicht. Geschichte ist das Walten des verborgenen Gottes, der Sendungen gegeneinander auswirft; vielleicht um sie zu erhärten und zu erproben. Wenn überhaupt ein Auftrag an ein Leben ergangen ist und dieses in wachsendem Maße von ihm getragen wird, so kann eigentlich eine Übereinstimmung mit der Welt an keiner Stelle bestehen. Der Auftrag ist auf die Welt gerichtet, aber als etwas Fremdes. Die meisten Verständnisse sind Mißverständnisse oder sie erfolgen dann, wenn der Auftrag längst weitergeführt hat. Alles kommt darauf an, daß der Strom sich immer wieder durch den Felsen wühlt; oder daß er, wenn der Felsen stärker ist als er, an ihm zerbricht. Welch eine sonderbare abgesunkene Welt, die der Kindheit in Baden-Baden! Es ist das letzte Jahrzehnt vor dem ersten Weltkrieg. Noch fahren die Viererzüge durch die Allee; von den die Berge erklimmenden Straßen tönen die Hörner der Lakaien herab. Die russischen Fürsten geben Gartenfeste in ihren Villen, zu denen sie von ihren Gütern Männer und Frauen in ihren Volkstrachten kommen lassen. Die Großherzogin Luise, die Tochter Wilhelms I., eine kleine Dame im Witwenschleier mit friderizianischen Zügen, fährt freundlich nickend durch die Straßen oder sie ergeht sich ohne Begleitung unter den Edelkastanien am Schloßberg. Die Franzosen feiern den Tag der Revolution, die Amerikaner den der Unabhängigkeit, die Deutschen mit Feuerwerken die Geburtstage ihrer Landesfürsten. Vor dem Kurhaus drängen sich die Menschen: Caruso – singt. Während der »Großen Woche« wehen von den Hotels die Fahnen aller Völker diesseits und jenseits des Meeres. Graf Zeppelin ist auf einem der umkränzten Wagen des Blumenkorsos zu sehen; schon läßt der Fürst von Fürstenberg statt der vornehmen Pferdewagen ein Auto schmücken für den Zug. Ich glaube, es stellte ein Schiff dar aus orangefarbenen Gladiolen; gewiß hat es den Preisrichtern – Herren des Kurkomitees und des Stadtrats, die vor dem alten Theater auf einem Podium standen – den ersten Preis abgenötigt, ein seidenes, mit Bändern und Fransen geziertes Banner. Im Winter wurde das Kurbad zur bescheidenen Kleinstadt, in der sonderbare Menschen ihr behagliches Dasein führten, plötzlich aber, ohne sich von den Stammtischfreunden zu verabschieden, nach Nizza fuhren, um den südlichen Vorfrühling zu genießen, oder zum Spiel nach Monte Carlo. Um die leeren Hotels, die Pensionen und Gärten wehte eine bedrückende Melancholie. Gegen Ostern begannen Scharen von Hausdienern in grünen Schürzen die Teppiche und Matratzen zu klopfen und zu sonnen; die Läden wurden aufgestoßen, die Fenster geputzt. Knapp vor den ersten Gästen zogen die italienischen und französischen Köche, die Portiers und Pagen ein. So kreisten die Jahreszeiten, dann und wann von einem verdächtigen Zeichen gestreift . . . An einem Winterabend erschoß der Karlsruher Rechtsanwalt Hau seine Schwiegermutter vor unserem Garten; die tödlich Verwundete wurde in unser Haus getragen; ich sehe noch immer die blutbefleckte Eck-Causeuse, auf der sie gestorben ist.

Als der Krieg ausbrach, wurden tagelang die edlen Pferde aus den Villen durch die Allee zur Sammelstelle geführt. Nie mehr sollten die Ställe besetzt werden. Die Welt, die ich für fest gehalten, versank unwiderruflich und mit ihr der Patriotismus des Siegesläutens und der Kaiser-Geburtstagsfeiern. Von der Wirklichkeit des Krieges wußte ich wenig, obwohl Tag und Nacht die Fenster zitterten von den Schlachten auf den Vogesen. Unzulänglich wie die Vorstellungen von Staat und Geschichte waren die vom Glauben. Ich hatte immer eine 1 in der Religion, sie war das beste »Fach«, wenn sie eben ein Fach hätte sein können, aber ich glaube nicht, daß ich wußte, was Christus war und getan hat. So war der Zusammenbruch vollkommen, unverwindlich; ich kann die ersten zehn Jahre meines Lebens kaum mit den folgenden verbinden.

Studieren konnte ich nicht. Der Weg zur Arbeit ging durch eine Straße der Dresdner Vorstadt, deren grenzenlose Schwermut mich nie freigegeben hat. Bis zur letzten Sekunde in der Straßenbahn klammerte ich mich an ein Buch, in der Mittagspause wieder. Die Arbeit war tot. Das Leben war unmöglich, äußerlich, innerlich sinnlos, wie das sich unter den Händen verzehrende Papiergeld, das nicht zum Nötigsten reichte. Noch heute bin ich Schopenhauer dankbar für die Größe der Weltsicht, mit der er kalte, einsame Abende und Nächte beschenkte. Er wies mich nach Indien; ein wieder und wieder ersehntes Ziel, das ich nie erreichen sollte. Vom Rande des Abgrundes mußte ich weiter zu Nietzsche; der Kampf wogte lange hin und her. Die politischen Ereignisse, den Streit um Oberschlesien, die Zusammenstöße im Ruhrgebiet, den unaufhörlichen Wechsel und Fall der Regierungen nahm ich in grauenvoller Gleichgültigkeit hin. Ich konnte ja nicht einmal leben mit mir selbst. Die in der Knabenzeit erwachte Liebe zum spanischen Drama ließ mich Spanisch treiben. So fielen mir die ersten Bücher Unamunos in die Hand. Er hat mein Leben verändert. Nicht der Denker war es, sondern der zugleich von der Mystik geprägte tragische Existentialist. Ich wagte einen Brief an ihn zu schreiben. Natürlich erhielt ich keine Antwort. Nach Jahren, als meine ersten Bücher erschienen waren, wurde mir eine Zeitung geschickt, die den Besuch eines Journalisten in seiner Madrider Wohnung schilderte. Er sprach von meinen Büchern, stand auf, suchte und fand das eine in seiner Bibliothek. Das war ein Gruß vor seinem Tode. Gesehen habe ich ihn nicht. [...]

Noch in Madrid erfuhr ich von den Septemberwahlen des Jahres 1930, die den drohenden Umsturz in Deutschland anzeigten. Meine monarchische Überzeugung entschied meine Stellung gegenüber dem Nationalsozialismus. Ich hatte mit Philipp II. auch seinen Gegner Oranien im Herzen getragen und mit ihm den aufrührerischen Norden. Im Preußentum des 18. Jahrhunderts, das ja Erbe der Ordensritter war, fand und verehrte ich den großen Protest gegen die Welt Philipp II., ich fand aber auch die tiefe Verwandtschaft der beiden Formen: den Entschluß zum rücksichtslosen Dienst. Doch ist die Tragik des echten Preußentums erschütternder; denn es hat kein Fundament als die Pflicht und blickt, mit den Augen Friedrichs des Großen, in einen gnadenlosen Himmel.

Als die einzig zureichende, doch gleichfalls tragische Form leuchtete mir von früh an das Reich vor. Ich war zu sehr verwundet von den Vorgängen in Deutschland, als daß ich seine Geschichte hätte schreiben können. In England, im Ringen mit der englischen Geschichte, stieß ich endlich auf den Grund, dessengleichen niemand mehr legen kann. Gegen den dämonischen Heinrich VIII. – einen echten Herrscher trotzdem – erhoben sich der heilige Columban und Alfred der Große; dieser für mich das vollkommene Bild des christlichen Königs als Verkörperung von Vatertum, Leiden und Macht; als Zeichen des geopferten Sohnes und opfernden Vaters, also der Königsherrschaft Christi, die eine verhüllte Herrschaft ist. Wie über Spanien, Portugal, Deutschland dämmerte über England der Untergang. Ich habe mich nur bemüht, Epitaphe zu schreiben, die die Gewissen erschüttern und sagen, was war. Denn diesem Gewesenen sind wir, als einem Teil unseres ererbten Seins, verpflichtet, gleichgültig, ob es sich noch vollziehen läßt oder nicht.

In einer seltsam milden Nacht des Januar 34 hörte ich in einer

Berliner Wohnung, als unterm offenen Fenster die Kolonnen zogen, die ersten unabweisbaren Berichte von den KZs. Wie die Erfahrung der Vergangenheit drängte die Not der Gegenwart zum Kreuz, zu der Bitte, daß in uns, die gänzlich versagten, ein Anderer lebe und uns sage, was wir tun sollen.

In dem ersten harten Winter des zweiten Krieges in Berlin und Dresden war alles Kommende zu spüren: Schnee, Finsternis, eilende, verhüllte Menschen; die Vision Rußlands ging mir nicht aus den Augen. Leben war nur noch möglich vor dem letzten Ernst. Ich fand Halt und Führung in den Schriften der hl. Teresa von Avila und des Johannes vom Kreuz. Dann entfaltete sich der große Zusammenhang, der das ergreifendste Geschenk meines Lebens gewesen ist: die Briefe der Soldaten, die ich schließlich nicht mehr beantworten, nicht mehr lesen konnte, Geständnisse, Anzeichen einer im Innersten, unter der Gewalt und dem Siegel des Unrechts geschehenden Veränderung, die mich oft mit ungemessenen Hoffnungen erfüllte. In den letzten Jahren des Krieges kamen die Briefe aus den Bombenkellern, den brennenden Krankenhäusern dazu. Ehre Joseph Rossé, der vor zwei Jahren in einem Gefängnis unter den Pyrenäen starb! Es war der frühe Morgen des 20. Juli 1944; wir saßen auf der Terrasse seines Hauses in Colmar und beratschlagten, wie wir die neuen, von gefürchteten Stellen eingegangenen Telegramme beantworten sollten. Die Zeitung brachte den Heeresbericht, der den heraneilenden Zusammenbruch nicht mehr verbergen konnte. Ein Ferngespräch nach Deutschland kam in grenzenloser Verwirrung nicht mehr durch. Auf dem Heimweg erfuhr ich von der Verschwörung. Noch einmal besuchte ich Rossé, gehetzt, verloren, aber auf seine Sache vertrauend und hoffend auf eine Brücke über den Untergang. Der 20. Juli nahm mir die letzten, die mir ganz nahe waren; ich halte ein Attentat nicht für erlaubt; aber Entscheidungen des Gewissens können in entgegengesetzten Richtungen fallen. Das Opfer ist alles. Die Krone der Herrschaft hat sich verwandelt in die Spottkrone; Adel bezeugt sich fortan in der Erniedrigung.

Sehr bald nach dem Zusammenbruch stürzten die Hoffnungen ein, von denen ich kaum begreifen konnte, daß ich sie so lange bewahrt hatte. Wer konnte erwarten, daß Staatsmänner und gar Völker als Verwandelte das Trümmerfeld betreten würden? Aber wir wissen nicht, was in Wahrheit in der letzten Tiefe geschieht. Und wenn auch das Gefälle der Geschichte uns keine Zeit lassen will, wir müssen uns doch ans Herz fassen, nicht weiter, sondern in uns zurückgehen. Es ist die Stunde, da der Christ, koste es, was es wolle, seinem Glauben und seinem Gewissen die Frage abringen muß nach Wert und Unwert der Macht. Denn die überkommenen Antworten reichen nicht aus für die Gewalten, die in unsere Hand gegeben sind. Und wenn es keine Antwort gibt, so bleibt noch die Frage, die erlebte und durchlittene, die leidenschaftlich herausfordernde Frage.

»Michael, Katholische Wochenzeitung«, Düsseldorf, 17. Mai 1953

DIE HEILIGTÜMER IM HERZEN

Anliegen meiner Arbeit ist die Darstellung einer einzigen Erfahrung und der Notwendigkeiten, die sich aus ihr ergeben. Es ist der Wandel der Welt, der sich mit der Katastrophe des Jahres 1914 vollzogen hat. Für einen Augenblick bitte ich, von Persönlichem sprechen zu dürfen. Ich habe gerade noch zehn Jahre der Zeit vor dem ersten Weltkriege erlebt, und zwar in Baden-Baden, wo die letzte europäische Gesellschaft sich traf, mehr und mehr mit der amerikanischen sich vermischte. Zur Zeit der Rennen, der »Großen Woche«, konnte man – auch als Knabe, der ich war – die Einheit Europas, ja der Welt empfinden. Die Fahnen aller großen Nationen wehten vor meinem Elternhause, einem Hotel. Alle Sprachen klangen zusammen und blieben doch, was sie waren und bleiben sollen. Nach den ersten, uns heute kaum mehr verständlichen patriotischen Exzessen überkam mich eine unstillbare Trauer um eine Welt, ein Lebensgefühl, von denen ich mit Bestimmtheit wußte, daß sie nicht mehr wiederkehren würden – so wenig wie die letzten Familien der russischen Aristokratie, die auf Umwegen ihre Heimat erreichten, die Stätte ihres Untergangs. Auf das Ende des Jahres 1918 war ich vorbereitet. Wenn auch in katholischen Formen erzogen, hatte ich doch keinen echten Glauben; die Naturwissenschaften, die deutsche Philosophie, auch die deutsche Dichtung zerstörten ihn, nahmen ihm das Klima, in dem er hätte atmen können. In den Nachkriegsjahren vollzog sich vor meinen Augen in Baden-Baden, in den Spielsälen, der Verfall der bürgerlichen Ordnung, der Familie überhaupt.

Das führte mich langsam, auf schweren und wohl auch gefährlichen Wegen, die ich hier nicht beschreiben will, zu der Einsicht, daß der Mensch und sein Geschick innerhalb der Geschichte verstanden werden müssen, daß er sich nie und nirgends von ihr losmachen kann. Geschichte: eine unaufhaltsame Folge von Veränderungen, deren Opfer und Vollzieher wir in gleicher Weise sind. Es ist ihr Gesetz, daß Ideen den Ereignissen vorausgehen, daß der Geist die Formationen und Umwandlungen der Macht vorbereitet, daß er sie aber niemals in seinem Sinne erreicht: keine Revolution wird so durchgeführt, wie sie gedacht wurde, kein Staat so erbaut, wie er geplant war. Ich habe in frühen Jahren einen Untergang erlebt, nicht allein im vaterländischen Sinne, sondern im europäischen: man kann wohl sagen, daß bis zum Jahre 1914 das 19. Jahrhundert währte, so wie in Rußland das Mittelalter bis zum 18. Jahrhundert, und daß dann etwas Neues heraufkam: diese unsere Lebenszeit und Epoche, die Geschichtswelt; in der wir stehen und die heute schon wieder in Frage steht, weil sie in sich Kräfte und Ideen entwickelt hat, die zu regieren sie nicht imstande ist. Solche Veränderungen erscheinen den von ihnen Betroffenen als Untergänge: in Wahrheit müssen sie es nicht sein. Geschichte stellt immer dieselbe Frage: Wie retten wir die Penaten? Wo gründen wir für sie die neue Stadt? Haben wir die Heiligtümer im Herzen, so daß wir gar nicht verlieren können? Sind wir, kraft solcher Gewißheit, völlig frei, in diese unsere Zeit zu gehen, sie zu fragen, was sie von uns will, und ihr handelnd und leidend und opfernd zu antworten? An dem dunkeln Vorabend der zweiten europäischen Katastrophe, unter der ich unsäglich gelitten habe, erkannte ich das Kreuz über den Taten, Leiden, Verbrechen der Völker: einer so maßlos verschuldeten, so maßlos gepeinigten Welt ist die Antwort des Gottes vorbehalten, der sich kreuzigen läßt von seinen Geschöpfen; dem immer tiefer erniedrigten Menschen die Verkündigung unbegreiflicher Erhöhung: Gott ist, in des Menschen Gestalt, für ihn gestorben. Nun erst begriff ich das Böse als geschichtliche Macht, aber ebenso das Gebet, den Gedanken, die Kunst. Gedanken und Kunst können Welten aufbauen und können sie, wenn die Dämonie sie inspiriert, zerstören.

Auf diesen Erfahrungen und Überzeugungen gründete ich meine Darstellungen. [. . .] Ich stellte, immer von europäischen Gegensätzen bewegt, dem Süden den Norden gegenüber in einer Darstellung der preußischen Tradition, ihrer Leistung und ihrer Verhängnisse, suchte mit einer 1938 erschienenen Erzählung aus der Konquistadorenzeit, unter dem Schleier der Historie, das Gewissen in Deutschland zu wecken, und wollte, wenigstens mit einer Schrift über Corneille und die Aera Ludwigs XIV., die in den ersten Tagen des zweiten Krieges gedruckt wurde, meine dankbare Verehrung französischer Vermächtnisse ausdrücken. Die vielen seither erschienenen Arbeiten, Erzählungen, Dramen, Essays, bemühen sich um eine immer tiefer, fester gegründete Erkenntnis unseres persönlichen Daseins als eines Daseins in der Geschichte, in großen Zusammenhängen; um die Vergegenwärtigung europäischer Traditionen, die ja nur dann miteinander verbunden werden können, wenn sie fest und stark sind in sich selbst; wenn sie ihre innerste Stärke – nicht die äußere Gestalt, die von dieser Stärke neu geschaffen werden muß – behauptet haben.

Das Reden der Völker geht mir nicht aus den Ohren, und immer bin ich auf ihren Straßen: zwischen Helsinki und Turku, am Mälar, an den Ufern des Oslofjordes in Trondheim und unter den mächtigen Bäumen von Roeskilde, in der Krypta von Lund und von Canterbury – welche Brunnen ohne

Grund –, an den Kanälen Amsterdams, in St. Roch in Paris, an Corneilles Grab und vor den Türmen von Rouen, in Portiuncula und am Rand der unerschöpflich rauschenden Brunnen Berns; im Winter, im schneeüberwehten Escorial und vor der Gottesburg Avila, in Salzburg, wenn der Glockenschlag der Kollegienkirche zittert über Mozarts Vaterhaus; in meiner Traumstadt Lissabon und im nördlichen Portugal, wo die königlichen Ochsen unter Rebengirlanden schreiten; in der tragischen Camargue und vor den leidgezeichneten Domen von Paderborn und Lübeck; und nie werde ich es verschmerzen, daß der Bann, der über Rußland und seinen Denkmalen liegt, mir den Zugang verwehrt hat. Dies alles ist noch da, will bestehen, will Samen auswerfen in den Wind, von dem niemand weiß, wohin er weht. Das eigene Leben geht unter in diesem Zusammenklang. Ich weiß, daß ich nicht imstande bin, ihn auszudrücken. Ich möchte nur Zeuge sein dieses geschichtlichen Augenblicks, in dem alles, was die europäischen Völker vollbracht, erlitten haben, mit unheimlicher Deutlichkeit vor uns steht, wie vor den Bergen meiner Heimat am Abend das glühende Schweizer Hochgebirge – ehe das Wetter umschlägt. »Der christliche Sonntag. Katholisches Wochenblatt«, Freiburg. 23. September 1956

SCHICKSAL

Aus einem Tagebuch

Es bedarf nur weniger Erfahrungen und Ereignisse, um das Gewebe eines Lebens zu befestigen. Mehr vermögen wir in keinem Menschen zu erblicken als Gottes Ebenbild; aber nur aus beruhigtem Seelengrunde leuchtet es herauf, und es ist wohl oft die ganze Arbeit eines schweren Lebens nötig, bis zwei Seelen sich beruhigen und aus ihrem Grunde das Bild des Dritten heraufschimmert, der allein Menschen verbindet. Erst in diesem Augenblick empfängt die Liebe ihren Sinn, und es stellt sich die Liebe der Seelen her, die den Tod überdauert. In diesem Vorgang ist, wie ich glaube, die Geschichte einer jeden Liebe beschlossen, der die Vollendung beschieden wurde; er liegt außerhalb des Glückes und des Leides, so groß auch deren Anteil an dieser Geschichte sein mag, im Bereich einer höheren Wirklichkeit.

Wir kamen wieder in die altvertraute Landschaft, aber auch dieses Mal haben wir den Ort nicht betreten, der vor so vielen Jahren für uns entscheidend gewesen war. Wir suchten statt seiner die kleine Kirche am Strome auf, die über den Uferwiesen im Frieden des ummauerten Totenackers steht. Die Kreuze drängen sich dicht zusammen, und die schmalen dunklen Bäume rühren aneinander im leisen Gespräch; vom Strome blitzt und flutet das Licht herüber; aber am Abend, wenn der Kirchner aufschließt und läutet, beginnt der Fluß zu ruhen; er steht wie eine See in dem weitgeschwungenen Bogen seines Bettes, und die Wolken, die noch leise wandern, tragen das rötliche Licht über ihn hin. In die alte Mauer sind die breiten Grabplatten der Pfarrherren, ihrer Ehefrauen und Kinder eingelassen; sie berichten in umständlicher, würdiger Sprache vom Frieden und Segen gläubigen Daseins und Wirkens und von der Bewährung bis zum Tode. Aber auch Fremde, die an diese Ruhestätte wohl nie gedacht haben, schlummern hier, so ein Silberpage des Königs, der im Strome ertrank. Auf der Grabsäule trauert ein kleiner Engel neben einem umgestürzten Gefäß, aus dem sich die Flut des verlorenen Lebens ergießt. Die Inschriften und Denkmäler sind uns teuer geworden; wir sehen auch gerne zu dem Pfarrhaus hinüber, hinter dessen spiegelnden Fenstern Blumen leuchten. Immer ist es uns wunderbar erschienen, so nahe neben der künftigen Ruhestätte wohnen zu dürfen, wie es den Pfarrern vergönnt war. Sie gingen den kleinen Schritt über die Straße zur Kirche hinüber, denselben Weg, den sie während ihrer Amtszeit unzählige Male zurücklegten; ihre Angehörigen taten zu ihrer Zeit denselben Schritt; es war, als erweitere sich der Raum des Lebens in das Jenseits hinüber, als verwandle sich die irdische Heimat leise, ohne allzu tiefen Schmerz, in die himmlische. Und wie tröstlich mußte es sein, wenn nachts der Schimmer aus den Fenstern, hinter denen der Dahingegangene gewohnt, gebetet, gearbeitet hatte, auf seine Grabplatte fiel; wenn die Liebe der Seinen in solcher Nähe wachte und leuchtete bei seinem Grabe!

Wir freilich haben keine Heimat gefunden. Mit der Unruhe unserer Herzen verbündete sich die Unruhe der Zeit, und wir schritten von einer Ferne in die andere, aus einer jeden Geborgenheit wieder in das Ungeborgene; wir fanden den Garten nicht, dessen eine Hälfte den Lebenden, dessen andere Hälfte den Toten gehört; heimatlich berührte uns das Gleiten des Schiffes in der Nacht, das Gleiten der Ufer bei Tage, der Wechsel der Städte und Lebensformen, der Stimmen und Sprachen und das immer gleiche Verlangen nach einem schützenden Dach. Und doch, wenn wir uns nun selber sehen können, wie wir vor bald zwanzig Jahren den Strom hinauffuhren an jenem für uns entscheidenden Tage, würden wir uns wohl zur Umkehr raten?

Es gäbe so vieles, vor dem wir uns warnen könnten: Leid und Irrtum und Schuld, aber vor dem Wege selbst könnten wir nicht warnen. Wohl führte er zu einem ganz andern Ziele, als wir es gedacht, immer tiefer in die Welt und in gleichem Maße immer weiter aus der Welt heraus; da wir heimatlos wurden, so durften wir Gäste in der Heimat so vieler Menschen sein. Und langsam begannen die Seelen das Ziel zu spüren, das sie nicht gesucht hatten, aber das ihnen gesetzt worden war; hinter dem Glücke fühlten wir die Bestimmung, und wir ahnten, welchen Wert das Schicksal barg. In seinem Innersten wartete das Kreuz auf uns. Daß wir damals die Kreuze wohl kaum beachteten, die aus dem Schatten über die Mauer und die Uferwiesen herübergrüßten; daß nun das Kreuz uns das höchste ist, das Siegel unserer Liebe, das Zeichen ihrer Dauer und unserer Hoffnung, rechtfertigt das nicht unsere Wanderschaft? Wir gehörten wohl kaum zu den Erwählten und Behüteten, die unter dem Kreuze leben und sterben dürfen, weil sie unter ihm geboren wurden. Verstanden wir doch damals nicht einmal unsere Liebe; denn in der Liebe ist etwas, das von allem Persönlichen scheidet, während wir doch glaubten, gerade das Persönliche zu ergreifen. Die Liebe ist immer ein Teil der Kraft Christi; freilich hat es diese Kraft oft schwer, das Erdreich der Leidenschaft zu durchdringen, aber sie wird nicht müde, um ihre Entfaltung zu bekämpfen; und wenn wir, belehrt durch Leiden, diesen geheimen Willen der Liebe verstehen, die das Irdische, aus dessen eigener sich wandelnder Kraft, emporheben will, so fügen wir uns endlich; und nun erst geht die Welt uns auf. Wir gehören weder uns noch dem andern. Denn was ist vermessener, als einen Menschen besitzen zu wollen, den doch niemand besitzen kann außer Gott? Aber da wir beide leise hinübergingen zu dem Dritten, um ihm zu gehören, so gehören wir einander; und da die Kraft des Dritten uns hält, so werden wir uns nicht verlieren.

Dies kann im Grunde nur einmal in einem Dasein geschehen; und wenn es geschieht, so ist dieses Leben erfüllt, und es dürstet nach keiner andern Erfüllung mehr. Die Schmerzen wie die Freuden verlieren an Gewicht; nicht was sie selber sind, sondern die Kraft, mit der sie auf Gott weisen, ist entscheidend. Ein jedes Schicksal, in dem das Kreuz sich enthüllt, wird zur Gnade. Seit jenem bedeutungsschweren Tage hat sich Geschichte ereignet; ihr Herannahen und dann ihre Gegenwart haben die Ferne der Zeiten so mächtig in mir aufgerührt, daß ich während vieler Jahre mit den Schatten Vergangener lebte; mit ihnen leidend und kämpfend, suchte ich auszutragen, was meiner Zeit aufgetragen war, und ich meinte, daß dies mein Schicksal sei. Aber wenn ich in diesem Augenblick zurückschaue – einem Augenblick, der vielleicht größere geschichtliche Entscheidungen zu tragen hat als irgend ein anderer der letzten Jahre, so fühle ich: Schicksal im höchsten Sinne war in all diesen Kämpfen nicht. Das Schicksal vollzog sich an jenem fernen Frühlingstage, da meine Seele eingefordert und ihr das Kreuz leise eingeprägt wurde, das sie lernen sollte als ihr eigenstes Eigentum zu erkennen und zu ergreifen. Es war ein Tag wie dieser; der alte Park hinter dem Schlosse rauschte auf unter dem Frühling und stand dann still im Schimmern und Glänzen seiner Blüten; heute ist uns freilich der Friedhof am Strome näher als er. Über den verblühenden Verheißungen der Erde ist uns die Verheißung der Ewigkeit aufgegangen; tief in der Liebe verbirgt sich das Heimweh nach dem Herrn. Dieses Heimweh ist ihre eigentliche Gewalt als eine von oben in das Irdische eingesenkte, die Schicksale bestimmende, die Leidenschaften lenkende Kraft; und wir sind überreich gesegnet, wenn wir dieses Heimweh ein einziges Mal wirklich erfahren und es in Treue bewahren dürfen durch ein ganzes Leben. An der Vielfalt des uns anvertrauten Gutes liegt ja nichts; das eine empfangene wird um so kostbarer, je länger und höher wir es achten, je tiefer es in all unser Tun und Denken hineinwirkt.

Alles geht darum, ob der Mensch herrscht in einem Dasein, oder der Herr. Und wie leicht kann eine dunkle Gewalt herrschen durch den Menschen! Aber vom Glauben her ahnen wir die höchste Form der Gemeinschaft, die beginnen wird, wenn wir täglich und stündlich trachten, unser Leben an den Herrn zu verlieren.

aus »Das Gottesreich in der Zeit« Sonette und Aufsätze

um 1942

Satz und Druck: Druckerei Udzialowa, Reichshof

BILDTEIL
Bild- und Textauswahl:
Edwin Maria Landau

BADEN-BADEN
DRESDEN
JUGEND- UND

LEHRJAHRE

»Aus der Familie meiner Mutter stammte Franz Anton Mesmer, der, weder ein Denker noch ein Zauberer, sondern ein echter Arzt war aus der Kraft der Liebe und der von ihm geglaubten kosmischen Harmonie ... Das Merkwürdigste – das völlig Fremde – ist, daß er es vermochte, in einer Zeit chaotischer Verwandlung, vor dem Gewitter der Französischen Revolution die Harmonie zu verkünden und zu leben. Krankheit war für ihn nur Störung der Einen alldurch-flutenden Lebenskraft, und er traute es sich zu, diese Störung aus dem eigenen Vorrat an aus dem All empfangenen Energien zu überwinden, den Einklang des Alls im Menschen wieder herzustellen.« *Verhüllter Tag*

Wilhelm Messmer
Großvater Reinhold Schneiders, 1835-1901.

»Seine Majestät steht auf dem Balkon, aufrecht, mit einem leichten
Verband um den Hals statt der korrekten Binde, Ihre Majestät
steht daneben, als müsse sie den Gatten schützen, stolz, bleich
und schmal und nicht gewillt, Ihre Empörung zu verbergen. Ein
jeder Rechtschaffene, und dazu gehören die 48ger gewiß, hat seine
Fackel ergriffen, und der Gerettete dankt mit dem Lächeln reiner
Menschlichkeit, das kein Schauspieler der Macht und Herrschaft
nachahmen kann – und das Autorität haben wird, solange noch
Echtes im Menschen lebt.« *Der Balkon*

Das Geburtshaus des Dichters
»Das Haus, wo ich geboren wurde, stand dicht am Kurhaus in
Baden-Baden. Auf den Knien meines Vaters sitzend, sah ich, wie
es abgerissen wurde. Ich habe das unbestimmte Gefühl behaglicher
Räume . . . Ein freundlicher zweistöckiger Bau mit grünen Läden
und rückwärtiger Terrasse, wo sich die Familie am liebsten aufhielt;
zufriedene Gesichter sehen aus den Fenstern über den in grüne
Kübel gepflanzten Oleanderbäumen.« *Verhüllter Tag*

Frauenstein/Erzgebirge, Walkmühle
»Erst einige Jahre nach dem Tode meines Vaters bin ich in seine
Heimat gekommen ... Es ist ein Dorf unter dem Erzgebirge,
nicht weit von Freiberg, auf ernster herber Hochebene ... Nach
einer Familiennachricht stammen die Vorfahren von einer Schneid-
Mühle, von der sie auch den Namen hatten; es ist die alte Schloß-
Mühle von Frauenstein oben in einem Waldtal des östlichen Erzgebir-
ges, die später Walkmühle genannt wurde, weil dort die Lohgerber
ihr Leder walkten.« *Verhüllter Tag*

An meinen Vater

Der Schwermut Erbe ward mir übermacht,
Es ist mein Untergang und ist mein Lohn;
Wohl fühlte ich's in frühen Tagen schon
Doch kommt's aus frühern, aus des Anfangs Nacht.

Du hast als letzter mir die schwere Fracht
Der Väter auferlegt zu Not und Fron,
Ich will sie tragen, bis zuletzt dein Sohn,
Doch sei in mir das Leid zur Ruh' gebracht.

Wilhelm Schneider, 20. Juni 1867 – 8. April 1922, Vater Reinhold
Schneiders

Louise Wilhelma Augusta Schneider, geb. Messmer,
Mutter Reinhold Schneiders, 9. Mai 1879 – 31. Oktober 1955

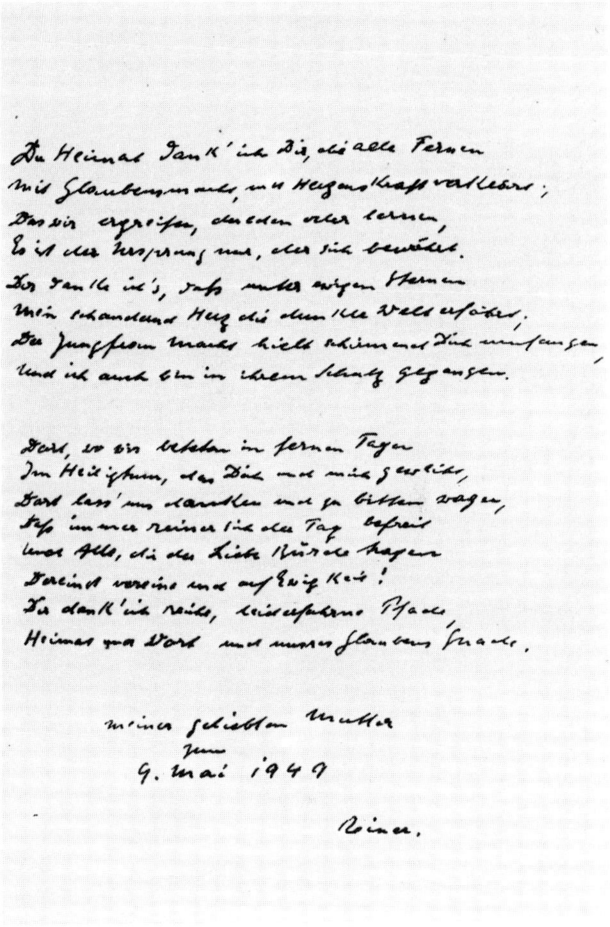

Dir, Heimat, Dank' ich Dir, die alle Fernen
mit Glaubensmacht, mit Herzenskraft verklärt;
Das wir ergreifen, denken oder lernen,
Es ist der Ursprung nur, der sich bewährt.
Dir danke ich's, daß unter ewigen Sternen
Mein schauendes Herz die ganze Welt erfährt,
Die Jungfrau Maria hielt schirmend Dich umfangen,
Und ich auch bin in ihrem Schutz gegangen.

Dort, wo wir leben in fernen Tagen
Im Heiligtum, das Dich und mich geweiht,
Dort lass' uns danken und zu bitten wagen,
daß immer reiner uns der Tag befreit
uns Alle, die der Liebe Bürde tragen
Dereinst vereint uns auf Ewigkeit!
Dir dank' ich reich, leiserfahrne Pfade,
Heimat zu Dort und unseres Glaubens Gnade.

meiner geliebten Mutter
zum
9. Mai 1949

Rainer.

Widmung an seine Mutter beim Neuerscheinen der beiden Werke
Camões und *Philipp* unter dem Titel *Iberisches Erbe*, Summa-Verlag,
Olten, 1949.

Reinhold Schneider,
Plastik, entstanden 1908, Künstler unbekannt.

Baden-Baden

»Wie weit ich die Heimat verstand, weiß ich nicht; ich weiß nur,
daß sie auf mich wirkte und daß ich an ihr mich deuten kann: daß
aber das Eigentliche, das, was uns wählen, annehmen, ablehnen
heißt, von außen bewirkt wird, glaube ich nicht. Der Ursprung
ist unerklärbar, unbetretbar wie der Feuerherd, aus dem die heißen
Quellen heraufsteigen.« *Verhüllter Tag*

Willy und Reinhold Schneider, 1911
»Die Erinnerung soll keine Flucht sein, kein Untergehen in die
Trauer um Unwiederbringliches; aber wir bedürfen des Besten
und Reinsten aus unserem Leben, wenn wir der Zeit nicht erliegen
sollen. Wir müssen in die Tiefe der Vergangenheit hinab, wo wir
einmal reines Wasser schöpfen durften; es wird uns wieder erquicken.« *Tröstliche Kindheit*

Klosterruine Allerheiligen bei Ottenhöfen
»Nach den Burgen um Baden-Baden war das Kloster an den Fällen
des Grindenbachs, zweieinhalb Stunden von Ottenhöfen, wohl
die erste Ruine, die ich gesehen habe. Es war in der unbegreiflich
fernen Zeit vor dem ersten Kriege . . . Ich wußte noch nicht, was
Geschichte ist: dieses Ringen gegen die Zeit, die alle Formen bricht
und auswäscht wie die Fälle des Schwarzwalds das Urgestein . . .
Ich wußte noch nicht, daß es mir, meiner Generation, aufgetragen
war, sich den Ruinen, der Geschichtlichkeit selber zu stellen und
um ihren Sinn zu ringen.« *Allerheiligen*

§ Es lag ein bunter Schmetterling
_____

Es lag ein bunter Schmetterling
Sterbend mit schwachem Flügelschlag
Den Regentropfen er empfing
Es wollte sein sein letzter Tag

Der Falter stumm nach Blättern sann
Die Augen grüßten Sonnenschein
Löste auf, feuchte grüne Tann
Sterbend sagte er sanft an leis

Er blickte in das frische Blau
Seufzte zitternd langsam und

flög ich doch wieder über Stellen
Im grünen, weißen Sonnenmeer

Sprach's und schluchzte laut und wild
Weinend, jäh ein Seufzer klang

unter der Blätter jungem Schild
Dem Schmetterling das Auge brach

1. VIII. 1916.

Zwei handgeschriebene Gedichte aus dem blauen Oktavheft, datiert Baden-Baden 1916, gewidmet »seinen lieben Eltern – ihr Sohn Reinhold«.

»Unglücklicherweise war ich, statt ins Gymnasium, in die Realschule gegeben worden, weil von ihr die Erziehung für das viel gerühmte, von mir so sehr gefürchtete ›praktische Leben‹ erwartet wurde. Das Gebäude war kurz vor dem Kriege errichtet worden: eine Art Bildungsburg am Berghang mit aufdringlichem Turm und grellblauem Zifferblatt; es verdarb das Stadtbild und drückte vortrefflich die Überheblichkeit des Bildungsglaubens aus. Hier wurde eine Synthese des verwässerten deutschen Idealismus mit den Naturwissenschaften versucht; sie sollte Grundlage der Menschenformung sein.« *Verhüllter Tag*

Ausschnitt aus dem Abiturientenbild, Ostern 1921

Reinhold Schneider mit seinem Lehrer Albert Daur vor der Schloß-
Ruine von Heidelberg
»Der unbeugsame Ernst, mit dem Albert Daur seine Berufung
zum Erzieher, seine Aufgabe als Deuter und Vermittler geistiger
Vermächtnisse verwaltete, verlieh ihm einen eigentümlichen
Rang . . . Er wußte von der Not früher Knabenjahre und nahm
sich ihrer an als einziger Erzieher und gewissenhafter als die
Eltern . . . Unerschütterlich war sein Glaube an die Würde, die
Freiheit, den sittlichen Adel des Menschen . . . In ihm lebte reine
Sittlichkeit, Menschenwürde und Weisheit, Treue zum Ursprung,
zu seinen großen Meistern, Hebel, Goethe, den Griechen, Liebe
des Menschengärtners, der in einem jeden jungen Menschen Ge-
schenk und Aufgabe ehrte.« *Pfeiler im Strom*

Die Quelle.

Im winter schmilzt der schnee an jener stelle
wo du zum lichte dringst, in's glatte weiss
schreibst du der tiefen rätselhaften kreis,
den dunkeln durchbruch in die ebne helle.
Und unaufhaltsam dringt mit deiner welle
verborgenstes empor, es giesst sich heiss
zerschmelzend und erstarrend in das eis, –
du bist des lebens unberührte quelle,
Die grundlos strömt, die dunkelstes gestein,
die tiefste glut der welt uns offenbart,
der wir bewegt und unermüdlich lauschen.
Du tönst von fern du brichst auf uns herein,
das blut wallt auf in deiner heissen art, –
wir hören nichts, –und du wirst weiterrausch=
en.

Die Quelle
Aus: Arthur Grimm, *Baden-Baden in 100 Zeichnungen.* Einführung
und Sonette von Reinhold Schneider, Baden-Baden, Kunstverein
1928
Widmung: Meinem lieben Vetter, aus dem Jahr 1927, handgeschrie-
ben und illustriert zu Weihnachten 1938 von Stephanie (Grimm).

26. April bis 7. Oktober 1921: Praktikant bei der Gräflich
Douglas'schen Gutsverwaltung Schloß Langenstein
»Meine Unbrauchbarkeit verschaffte mir einen erträglichen Posten.
Ich mußte früh die Milch in die nächste Zentrale fahren und bekam
dazu ein Leiterwägelchen und ein Pony, ein unsäglich gutmütiges
Tier, das auch dann lostrappte, wenn ich es, wie es fast immer
geschah, falsch aufgezäumt hatte . . . Die glücklichsten Tage waren
die Samstage: dann mußte ich ins nächste Kreisstädtchen fahren,
um nach einem mitgegebenen Zettel Wurst und Fleisch einzukau-
fen . . . Das Wägelchen ließ ich auf der Straße stehen: der Papierhänd-
ler hatte sogar Bücher zu verkaufen; ich wühlte in seinen Beständen
und hatte das Glück, ein paar moderne Dramen – ich glaube von
Wildgans und Schönherr – zu finden.« *Verhüllter Tag*

Meiner Seele tiefe Trauer
Stillt keines Sommerleuchtens Glut
Wohl tut mir des Herbstes Schauer
Und des Daseins flüchtige Dauer
Und die immer ziehende Flut

Meines Gartens Bäume neigen
Tief sich auf den Grund herein
Schlummernd unter ihren Zweigen
Fühl ich die Gestirne steigen
Auf geschloss'nen Augen ihren Schein.

Nie hör' ich ein Lachen klingen
Auf der immerstillen Flur;
Und die fernen Geigen singen
Von denen, die vorübergingen
In diesem Leben ohne Spur.

63

Dresden-Loschwitz, Calberlastr. 2
In diesem Hause vollendete Reinhold Schneider 1929 den *Camões*.
»Einstweilen wohne ich hier sehr ruhig und angenehm in einem
altmodischen Haus nahe der Elbe. Dahinter steigen Hügel und
Gärten an; oben dehnen sich Felder, Dörfer und die Dresdner
Heide aus, eine ernste Kiefernlandschaft, die ich um diese Zeit
sehr liebe. Im Sommer ist es hier bewegt und heiter! Badebetrieb
am Strom, Schiffs- und Paddelverkehr den ganzen Tag . . .« Aus
einem Brief vom 30. Nov. 1929

Garten des Schloßes Pillnitz an der Elbe bei Dresden
Der ›Freundschaftstag‹, so wird im Briefwechsel zwischen den
beiden Brüdern und Fräulein Baumgarten der 25. Mai 1922, Himmel-
fahrtstag, genannt. Zwanzig Jahre später noch erinnert sich Willy
Schneider an diesen »für uns drei so bedeutungsvollen Tag in Pillnitz
im jugendlichen Park des traumhaften Schlößchens, an dem stillen
Weiher«.

Der Lebenskreis

Die Kugeln, die dem gleichen Stern entstoben,
Sie können nie sich voneinander trennen,
Sie müssen fort in gleichen Bahnen rennen
Wie sie auch wechseln unten oder oben.

Wir alle sind in ein System verwoben,
Die wir in Liebe und in Haß entbrennen:
Es kreuzen innig die sich, die sich kennen
Vom gleichen fortgerissen und erhoben.

Aus meiner Seele treten sie hervor
Die zögernd endlich meinen Weg beschreiten
Von meinen Augen ungewiß erblickt;

Uns allen rauscht das selbe Blut im Ohr
Und niemals treffen wir in ihren Weiten
Die ander Stern in andren Raum geschickt.

13. Juli 28 Oberlössnitz
Den Lössnitzer Freunden in herzlicher Dankbarkeit, Reiner

66

Miguel de Unamuno
»Seit ich im Herbst Ihr Buch *Del Sentimiento Tragico De la Vida*
gelesen habe, vergeht kein Tag, an dem Sie nicht auf mich wirken . . . Ich ahnte, daß ein Mann dahinterstände, der an die eigensten
Geheimnisse meines Lebens zu rühren vermag . . . bei der inneren
Ungewißheit, in der ich lebe, bei dem schweren äußeren Druck,
der auf mir lastet, unfrei wie ich bin und doch vielleicht auf dem
Wege zur Freiheit, ist es für mich ein Trost zu wissen, daß ein Mann,
der die Welt wie Sie sieht, meine Zeit mit mir teilt.« Dresden,
13. Dezember 1926

Arthur Schopenhauer
»Noch heute bin ich Schopenhauer dankbar für die Größe der
Weltsicht, mit der er kalte, einsame Abende und Nächte beschenkte.
Er wies mich nach Indien; ein wieder und wieder ersehntes Ziel,
das ich nie erreichen sollte.« *Lebensringe,* 1953
Ich verdanke ihm mehr als irgend jemand sonst, wenn ich auch
absolut nicht ein ausgesprochener Anhänger von ihm bin. Einem
System, einem so ganz durchschematisiertem Weltbild kann ich
mich nicht unterwerfen, aber wenn ich einen Begriff von den eigent-
lichen Problemen unseres Daseins bekommen habe, so geschah
das durch ihn.« Brief vom 11. April 1928 aus Dresden an Friedrich
Singer

Gerhart Hauptmann

»Für Hauptmann, als Dichter des Untergangs und des Mitleids
mit den Untergehenden, faßte ich damals eine leidenschaftliche
Liebe; ich suchte nach jeder Zeile, die von ihm erreichbar war.
Und nach vielen Jahren erschien es mir märchenhaft, als ich im
Hause meines Freundes Leo von König eines Abends neben ihm
saß, in seine gütigen, keineswegs zwingenden, fast ratlosen Augen
sah und ihn den Sokrates preisen hörte als das große Vorbild der
Dichter und Schriftsteller: den Mann des Wortes, der kein einziges
Wort geschrieben hat.« *Verhüllter Tag*

ERKUNDUNGSFAHRTEN

PORTUGAL, SPANIEN, ENGLAND,
FRANKREICH, ITALIEN,
DEUTSCHER OSTEN

Reinhold Schneider, 1928 vor der Reise nach Portugal
»Dies wird wohl mein letzter Brief aus Dresden sein. Ich habe
meine Stelle (in der Kunstanstalt Stengel) gekündigt und bin nur
noch wenige Tage im Büro . . . Ende Juli in Hamburg. Einschiffung
zunächst nach Portugal . . . Ich riskiere in Anbetracht der nicht
vorhandenen Mittel mancherlei, habe aber ein gewisses Vertrauen,
daß ich mich durchschlagen werde. Im übrigen ist dieser Entschluß
eine absolute Notwendigkeit; denn ich kann den stumpfen Trübsinn
meiner bisherigen Existenz nicht mehr ertragen . . . Jedenfalls
tausche ich auch das kärglichste Leben gerne für das bisherige
ein, wenn ich frei bin.« Brief an Friedrich Singer, 18. Juni 1928

Martin Heidegger
»Vielleicht liegt es in der Tendenz meiner Natur, daß ich mich
für einige Zeit der Philosophie zuwende. Der Hintergrund meiner
Weltbetrachtung genügt mir in keiner Weise; ich muß der Metaphysik näherkommen und Umrisse sichten. Vor allem müßte ich die
Philosophen nach Nietzsche noch studieren, von denen ich kaum
etwas kenne. Es wäre kein schlechter Gedanke, wenn ich in Berlin
ein Semester Heidegger hörte.« (1930, Tagebuchauszug)

Friedrich Schnack
Friedrich Schnack empfiehlt dem Verleger Jakob Hegner in Hellerau
den Dichter, der zuerst den *Camões* ablehnt, ihn aber 1930 als erstes
Werk Schneiders veröffentlicht.
»Gerade von meinem Ort her zieht es mich zu einer Beschäftigung
mit Ihrer Dichtung, wenn ich auch oft fürchte, sie an diesem Ort
nicht ganz erfassen zu können. Aber ich glaube doch, Sie sehen
aus meinem Buche, daß wir in dem Trachten nach Selbstbehauptung
der verantwortlichen Einzelexistenz einig sind; für mich ist auch
das Opfer im Geschichtlichen eine Form der Selbstbehauptung,
wenigstens als letztes Zeichen dafür, daß ein Einzelner da war
und seinen Auftrag hatte.« Brief von R. S. vom 31. Okt. 54

Jakob Hegner

»Hegners Weg führte aus Hellerau, aus der wohl nie zu verschmerzenden Werkstatt, nach Leipzig, nach Wien, endlich ins Exil. In die große Schuld der zwölf Jahre fällt auch diese Schuld an einer verlegerischen Sendung, die sich nicht gutmachen läßt. Der Zug des Tragischen, der wohl alle bedeutenden Erscheinungen dieser Zeit auszeichnet, ist auch diesem Werk aufgeprägt. Wären ihm der ungebrochene Fortgang, die kühn und stetig ausgreifende Wirkung vergönnt gewesen, die in ihm angelegt waren, es wäre eine heute kaum vorstellbare Wirkung erreicht worden.« Vortrag von R. S. im Südwestfunk am 23.2.1952 zum 70. Geburtstag Jakob Hegners

REINHOLD SCHNEIDER

DAS LEIDEN DES CAMOES
oder
UNTERGANG UND VOLLENDUNG
DER PORTUGIESISCHEN MACHT

VERLAG JAKOB HEGNER · HELLERAU BEI DRESDEN

Schutzumschlag der Original-Ausgabe, Hellerau, 1930
Ursprünglicher, von Schneider bestimmter Titel *Camões, der Untergang der portugiesischen Macht.*
Im Schreiben der »Parteiamtlichen Prüfungskommission zum Schutz des NS-Schrifttums« an den Hegner-Verlag vom 5. November 1937 heißt es: »Wir machen darauf aufmerksam, daß in der Schrift: Reinhold Schneider ›Das Leiden des Camões‹ auf S. 143 eine Beschimpfung des deutschen Volkes enthalten ist, so daß eine Auslieferung eines solchen Werkes heute in Deutschland an sich nicht mehr möglich sein dürfte und ersuchen Sie um Stellungnahme.«

Ludovico de Camões nach einem zeitgenössischen Stich

»In Camões suchte ich die portugiesische Katastrophe im 16. Jahrhundert darzustellen. Der Dichter Camões ist als endgültiger Repräsentant und Rechtfertiger des nationalen Charakters und Schicksals behandelt.« Schneider an den Merlin-Verlag in Baden-Baden, 4. Februar 1930

»Das Leben des Camões ist das Leben des Dichters überhaupt, der ein leidenschaftliches Heimweh, aber keine Heimat hat, der den Untergang des Zeitlichen im Werk überwindet, während die Flut der Geschichte ihn fortreißt und überspült.« *Das Erbe im Feuer*

Philipp II.

»Gekrönt ist Gott. Die Weltenkrone spendet
Den armen Erdenkronen heilig Licht.
Der ist ein König, der sein Angesicht
In Dienst und Macht dem Vater zugewendet.«

Auf die Rückseite der Postkarte von Schneider aufgetragen

Escorial
»Der Escorial ist die Flucht in die steinerne Dauer; sein Bau bedeutet
die Errichtung der unübersteiglichen Schranke für den Traum.
Er ist ein Grabmonument wie Belêm; das gewaltige Grab des
Kaisers, des spanischen Imperiums. Spanien kehrt aus der Welt
zurück und kommt zu sich selbst. In dieser Stunde, da es beginnt
zu begraben, verwirklicht es seine Mission, die katholische Macht.«
Tagebuch, 27. Mai 30

Avila, Stadtmauer

»Es ist ein Allerseelentag, und über Avila braust ein Glockensturm,
der tief in der Nacht begann und nun fortdauert bis zum Abend.
Niemals noch habe ich einen so abgründigen Glockenschlag gehört
wie vor dieser Kathedrale . . . Der erste Schlag ist die Ankündigung
eines unsagbar furchtbaren Geschehens, doch noch gemildert durch
die weiche Tiefe des Tons; der zweite Schlag ist die Klage der
Kreatur, der dritte das Gericht. Es gibt nichts Erschütternderes
als diese Dreiheit, in der alle Stimmen der Gestorbenen und alle
Stimmen derer, die sterben werden, über diese eisige Hochebene rufen bis zu den schneebedeckten Bergen der Ferne.« *Die
Glocken von Avila,* 1928

Nietzsche und die heilige Theresia
»Wenn Peter Gast Nietzsche in seiner Grabrede einen Heiligen
nannte, so hat er insofern recht, als er den geistigen und menschlichen
Typus Nietzsches damit treffen wollte. Nietzsche ist der Heilige
des Widerspruchs. Zwischen Nietzsche und der heiligen Theresia
besteht einzig der Unterschied des Ziels, aber fast gar kein Unterschied der Kampfweise und der inneren Lebensform. Beide setzen
ihre Lebenskraft ohne jeden Vorbehalt ein, lassen den inneren
Kampf deren geringste Partikel verzehren, fühlen die Notwendigkeit
absoluten Alleinseins, sind sich völlig gleich in der heroischen
Haltung und der Negierung des Glücks . . . Beide bedürfen des
Pathos des Kampfes, um zu leben und zu wirken. Reiner Typus
des ekstatischen Menschen.« Tagebuch, 1930

Reinhold Schneider und Anna Maria Baumgarten, seine Lebensge-
fährtin

Widmung in dem Buch *Das Erdbeben*
»Dieses Buch ist Dein Eigentum. Wie alles, was ich schreibe: Verdanke ich Dir doch den Blick auf das Schicksal, den man nur ein
einziges Mal tut – und für immer.«
Dein Freund

Potsdam, April 1932

Ernst Hoffmann in seinem Haus in Kairouan, 1928
»Nun kam mir die Bekanntschaft mit Ernst Hoffmann wieder;
der merkwürdige Mann von Salamanca tauchte auf, der . . . einzig
nach Europa und durch die iberische Halbinsel gefahren ist, um
mich an den Osten zu erinnern . . . Indien allein erlaubt, ja fordert
ein anderes Verhältnis zur Welt; es schiene mir notwendig, vom
indischen Boden aus einen Blick zu tun auf Europa . . . ein Buch
Europa von Indien gesehen.« Tagebuch, Göttingen, 5. Okt. 1931

Willy Schneider in London (links)
»Ich sah Dich wieder, und es war Dein Antlitz,
Der besten Jahre, noch der Kindheit Licht
im Auge, auf der Stirn die stumme Angst,
Die Dir das Leben eingab, die vielleicht
Der Ursprung Deines Leids ist und
Des meinen.«

Reinhold und Willy Schneider in Florenz (rechts)
»Doch war's der Blick des Bruders, der
Den Bruder grüßte. Und Du gingst und ich
Auch ging, ein Jeder andern Pfads ins Dunkel;
Licht war am Orte nur, wo wir uns sahn.
Nun schweifen unsre Bahnen weiter
Und weiter auseinander, aber Gott

Kann sie zusammenschlingen wunderbar.« Aus: *Der Abschied,*
unveröffentlicht

Reinhold Schneider, Pfingsten 1932, Potsdam, zur Zeit der Niederschrift der *Hohenzollern, Tragik und Königtum,* Leipzig: Hegner 1933
»Gegen die Vergötzung des Blutes wollte mein Buch über die
Hohenzollern die tragische Forderung der Krone, das in ihr beschlos-
sene Opfer stellen; es war kein christliches Buch und wollte das
nicht sein; ich war ja kein Christ, sondern ich sah im Tragischen
den Sinn der Geschichte. Es sollte ein Aufruf zur Monarchie sein
in letzter, wahrscheinlich schon zu später Stunde: ich schloß es
am 5. März 33, dem Propagandafest der erwachenden Nation.
Aber man konnte wohl der Meinung sein, daß der eben gegründete
Staat noch keineswegs fest stünde. Heute sehe ich, daß die Monarchie
wahrscheinlich zum Militärstaat geworden und damit der Gefahr,
den Krieg heraufzurufen, kaum entgangen wäre ... Wenigstens
drei Verbrechen hätten sich mit der monarchischen Staatsform
kaum vereinen lassen: die Verfolgung der Juden, der zynische
Bruch des Rechts, die Verfolgung der Christen beider Bekenntnisse.«
Verhüllter Tag

Marienburg
»Ungeheures Gewitter über der Burg, die erschien und entschwand
wie ein Schatten, und man konnte alles im voraus erleben, was
hier einmal wird.« Brief an Hilde Bauer, 19. April 1934

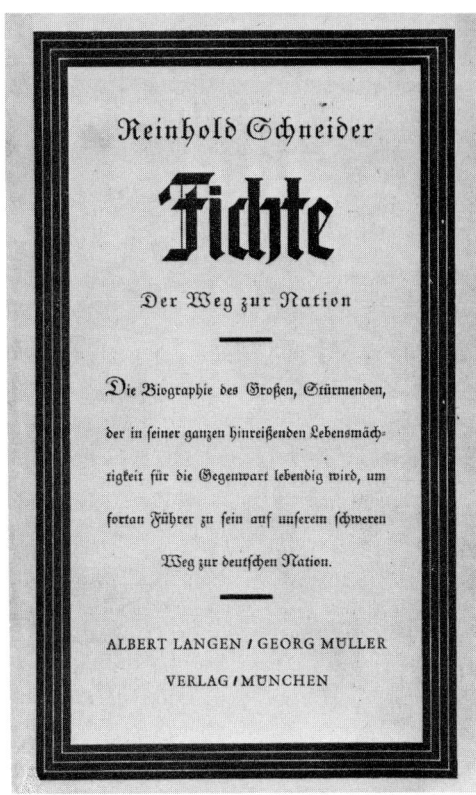

Fichte. Der Weg zur Nation, München: Langen-Müller 1932
»Ich glaube, daß Fichte die Anlage zum echten Mystiker hatte;
mit ihr verband sich ein besessener Rationalismus, eine fanatische
sittliche Kraft und eine rücksichtslose Eigenmächtigkeit. Was
mich fesselte, war sein Scheitern an Gott. Ich nahm damit Abschied
von Problemen, die mir nicht wiederkehren und denen ich auch
nicht gerecht werden konnte. Geblieben ist mir vom deutschen
Idealismus, von Kant und Fichte, das eherne Soll, die Unabhängigkeit
seines Vollzugs von der Wirkung; ich fühle dieses Erbe wachsen,
je freier und einsamer ich werde.« *Verhüllter Tag*

London, St. Paul's Cathedral

»Der Anruf des Zufalls zog mich nach London ... Ich betrat St.
Paul's, skeptisch, ohne etwas zu erwarten ... Aber dieser Raum,
den die fahlen Lichtbahnen durchkreuzten, war erfüllt von einem
bedeutenden religiösen Gehalt. Er erschütterte mich. Als ich die
Stufen hinabging, hatte ich den Plan zu einem Buche, das ›Die
Entscheidung Heinrichs VIII.‹ heißen sollte: es sollte die Frage stellen
nach der von Heinrich gebildeten, erzwungenen religiösen Form
in ihrem Verhältnis zur englischen Macht, zum Empire.« *Verhüllter
Tag*

»In dem Schicksal der englischen Abteien liegt eine furchtbare
Folgerichtigkeit. Aus der Armut erwachsen, drohte den Mönchen,
die sich unter die Regel des hl. Bernhard beugten, der Hunger
. . . Die großen englischen Abteien liegen alle jenseits der Geschichte,
nicht in ihr wie die spanischen. Sie sind, an diesen gemessen, fast
geschichtslos.« *Aus meinen Tagebüchern,* 21. März 1935

Jochen Klepper

»In Ihrem großen Buch und auf eine ganz wunderbare, einzigartige Weise in Ihren Gedichten sind, glaube ich, die schönsten Verheißungen enthalten, die diese schweren Jahre bisher haben sichtbar werden lassen. Hier ist schon etwas vollkommen Reines, das von den Irrungen der Vergangenheit nicht mehr getrübt ist, und nur mit einem solchen kann die neue Stunde anschlagen, die wir wunderbarerweise doch nicht vergeblich ersehnen.« R.S. an J.K., 28. August 1937

I.

Kein Prophet sprach: „Mich Gewichten sende!"
Eingebrannt als Maß war es in allen:
Furchtbar ist dem Menschen, in die Hände
Gottes des Lebendigen zu fallen.

Kein Prophet sprach: „Mich Bereiten wähle!"
Jeder war von Gottes Zorn befehdet.
Gott stand dennoch jedem vor der Seele
wie ein Mann mit seinem Freunde redet.

II.

Kein Prophet sprach: „Gott, ich brenne!"
Jeder war von Gott verbrannt.
Kein Prophet sprach: „Ich erkenne!"
Jeder war von Gott erkannt.

Reinhold Schneider
zum Dank für seinen
Besuch am 6. November 1935

Jochen Klepper

Jochen Klepper
Widmung seiner *Geistlichen Gedichte*, Berlin 1935

Reinhold Schneider bei Leo von König, Berlin 1936
»Im letzten Jahrzehnt vor der Zerstörung Berlins vollendete sich
die Kunst Leo von Königs. Sie stand in einer sehr tiefen Beziehung
zu ihrer Zeit, aber nicht in dem Sinne, daß sie sich dieser Zeit
ausgeliefert hätte; sie rang viel mehr dieser Zeit Werte und Gebilde
ab, die nur einer bedeutenden Tradition erreichbar waren. Der
große geistige Zusammenhang, in dem Leo von König lebte, der
ganze lange Weg, den er gegangen war, erhoben ihn zur Meisterschaft
dieses letzten Jahrzehnts, etwa der Jahre 33-43, in denen er die
lange Reihe seiner größten Bildnisse schuf.« Aus der Schrift *Dem
Andenken Leo v. Königs,* Einführung von R. S.

Wir sind durch nichts getrennt
Von Dingen, die vergangen sind.
Uns hemmt nicht Macht der Zeit,
Wir rühren an tausendjährige Geschicke,
Wir schauen die Gebärden der Paladine
Und Polen, der Bachenden und Kommenden.
Wir laden sie bei jedem Fest zu Gast.
Die oft tausendjährigen Bogen kamen,
Wir halten ihre Hände aller Heimat lösen.
Wir bieten ihnen Tisch und Saal
Und Rede wechseln wir beim heiligen Mahl.

———

für Reinhold Schneider
in herzlicher Verbundenheit
und als Dank für viele Gabe

Ihr getreuer
Otto Heuschele

Mit den Augen
b. Rößner
am 28.9.37.

Otto Heuschele

93

Georg von Sachsen S. J.

»Ich hatte das Gefühl einem seltenen edlen Menschen gegenüberzu-
stehen; und wenn es das Kennzeichen des echten Königs ist, daß
er nicht für sich selbst lebt, sondern das Feld seines Lebens ganz
im Allgemeinen findet, so hatte ich das Glück einem königlichen
Menschen zu begegnen. Aber auch die bewahrte Liebe zur Tradition,
die Güte und die Gabe, sofort Vertrauen zu erwecken und zu schenken, die Neigung, nicht nach dem Augenblicklichen, sondern
nach dem Bleibenden zu urteilen und sich im Handeln zu richten,
gehören zu jenen seltenen Eigenschaften, und es hat mir sehr, sehr
wohlgetan, soviel natürlich Verehrungswürdiges in einem Menschen
sehen zu dürfen.« R.S. Schneider an Helene von Nostitz, Berlin,
13. Jan. 1940

Helene von Nostitz
»Die großzügige Bereitschaft, alles Geistige aufzunehmen und
zu verstehen, eine Bereitschaft, die vom Herzen kam und von
ihm lebendig erhalten wurde, fand schon in dieser Zeit kaum mehr
ihresgleichen; sie hat unendlich viel verbunden, was sonst getrennt
und einsam geblieben wäre; so danke auch ich Ihrem Hause mehr
als ich irgend sagen kann; hier fand ich immer Verständnis und
Vorurteilslosigkeit, hier fand ich verehrte Freunde.« Reinhold
Schneider an Alfred von Nostitz, Freiburg i. Br., 5.8.44

Käthe Kollwitz
»Ich sehe noch die abgründige, kreatürlich-mütterliche Trauer
in den Augen der Käthe Kollwitz: Sie saß im Atelier auf dem Sofa,
Mutter nicht mehr im persönlichen Sinne, sondern des Volkes,
der Völker. ›Wären wir nur hindurch!‹ Das muß im April 40 gewesen
sein, unmittelbar ehe das Feuer im Westen losbrach.« *Verhüllter
Tag*

Kardinal Graf Preysing, Bischof von Berlin
»Es hat einmal den deutschen Episkopat geprägt, daß eine große
Zahl seiner Vertreter dem Adel entstammte; der aristokratische
Zug ist der Kirche vielleicht unerläßlich: der echte, der dem Bischof
natürlich war. Denn solcher Adel bedeutet Weltgerechtigkeit,
Offenheit, Nüchternheit, Weite. Er bedeutet vor allen Dingen
Geschichtsbewußtsein und damit freie, mutige Verantwortung
für das Ganze des Lebens, also auch für den Geist und das Wort.«
Verhüllter Tag

Königslutter, Kaiserdom
»Lothars von Supplingburg Stiftung, Denkmal und Grab, ist der
Dom zu Königslutter am Elmwalde bei Halbstedt (dicht an dem
Riß, der heute die Welt zerteilt). Sein Blick war mit gleicher Entschie-
denheit nach Osten, Norden und Süden gerichtet. Er war Wächter
der unteilbaren Welt.«
Die ewige Krone

Potsdam, Garnisonskirche
»Das Bild vor den Fenstern: Kanal, Brücken, der Platz vor der
Plantage, endlich die Kirche, in der die beiden großen Könige
ruhen; ist mir sehr lieb.« Brief an Anna Maria Baumgarten, 8.
April 1937

Wohnung Schneiders in seinen Potsdamer Jahren (Neuer Garten),
Birkenstr. 1 (oben)

Haus von Nauendorff in Hinterzarten, hier entstand *Las Casas
vor Karl V.* (unten)

ZUM SANITÄTSDIENST
EINGEZOGEN

Allein den Betern, 1936 entstanden, vertont von R. Piekarek, Domorganist am Dom von Braunschweig

»Darauf schlug mich – mit Berufung auf dieses Buch(!) der Kultur-
bund für den ›Nationalpreis‹ vor . . . Ich würde den Preis also
annehmen, danken und erklären: der Las Casas sei mein Protest
gewesen gegen die Verfolgung der Juden; ich bäte den Preis an
die Angehörigen Verfolgter zu verteilen; so hoffte ich der Versöhnung zu dienen, wie es die Aufgabe unserer unteilbaren Sprache
und unseres unteilbaren Volkes ist.« Brief an Otto Heuschele,
Freiburg, 9. September 1952

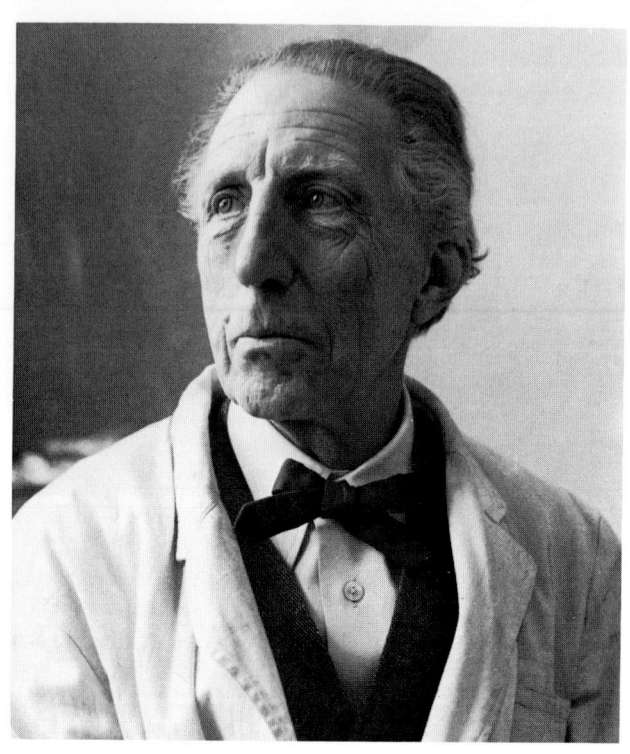

Heinrich Graf Luckner

»Auch sonst aber bin ich mit Ihnen verbunden durch die Lektüre
des ›Las Casas‹, die ich bis auf wenige Seiten mit ganz tiefer, reiner
Freude und großer Dankbarkeit beendet habe. Leider muß ich
sagen, denn nun werde ich nicht so bald wieder einen so geeigneten
Ausgleich für meine eigene Arbeit finden . . . Wenn ich an die
Lucaya denke, sehe ich die ganze bezaubernde Welt in Ihnen und
weiß, daß diese keine Grenze hat. Die Leiden werden schwach
neben solchem Trost.« Berlin W 62, Kurfürstenstr. 126, 2.11.38

REINHOLD SCHNEIDER

LAS CASAS
ÉS A CSÁSZÁR

FORDÍTOTTA:
POSSONYI LÁSZLÓ

AZ ATHENAEUM KIADÁSA

[uvn 1940]

IMPERIAL
MISSION

by

REINHOLD SCHNEIDER

Translated from the German by
Walter Oden

Illustrated by MICHAEL AYRTON

THE GRESHAM PRESS
NEW YORK 1948

Las Casas vor Karl V.
Titelblätter der englischen, französischen, spanischen und ungarischen Ausgaben.

Corneille
»Gestalt und Gedanke sind Hülle; es bleibt ein Letztes, Innerstes,
das in gleicher Weise entfernt und erreichbar ist; und vielleicht
kann dieses Erbe Pierre Corneilles nur von wenigen, aber zu allen
Zeiten ergriffen werden. Denn es setzt ein Leiden voraus, das über
die Wünsche des Herzens erhob; dann erst wird der Mensch in
der Pflicht leben, und er wird den Zwiespalt der Pflichten erfahren.
Daß der Mensch als Träger einer Pflicht, der eine andere widerstreitet,
seinem tiefsten Leiden begegnet und auf die härteste Probe gestellt
wird, war die Erfahrung Pierre Corneilles; er überwand sie nicht
nur für seine Zeit mit der Forderung, unter zwei Opfern das Schwe-
rere zu bringen.« *Corneilles Ethos in der Ära Ludwigs XIV.* 1938

Pius XII.

»In Rom wurde mir die Gnade einer Privataudienz zuteil. Ich bin
noch nie einem Menschen begegnet, der in solchem Maße, bis
zur völligen Transparenz Seele war – und zugleich Gestalt der
Gnade. Alle Bilder bleiben weit hinter der erhabenen Durchsichtig-
keit der Erscheinung zurück. Vor einer solchen Persönlichkeit
ist man einfach beschämt, und so war es mir auch nicht möglich,
etwas zu sagen, das für den gütig Zuhörenden von Wert hätte
sein können.« Brief an Anna von König, Freiburg, 30. März 1941

Alsatia-Verlag in Kolmar
»Ludwig von Winterswyl . . . hatte nach der Besetzung des Elsasses
die Verbindung mit dem Alsatia-Verlag in Colmar angeknüpft;
er rief mich eines Morgens an, um zu sagen, daß das ›Vaterunser‹
in Kolmar in zehn- oder zwanzigtausend Auflagen gedruckt werde
. . . Ich kam in ein altmodisches Kontor in einem bescheidenen
villenartigen Gebäude . . . Der Verlag war veraltet. Rossé ließ
bauen . . . Wenn er durch die sich ständig vergrößernden Räume
schritt, zwischen den sausenden Maschinen stand, war er Herr
und zugleich Beschützer: als die Klöster aufgelöst wurden, stellte
er Nonnen als Arbeiterinnen ein.« *Verhüllter Tag*

Joseph Rossé, Generaldirektor des Alsatia Verlages, Kolmar, 1940-1944

»Sein männlicher Glaube und Glaubensmut, seine leidenschaftliche Hingabe an die Sache der Kirche, seine großzügige Hilfsbereitschaft, sein Opfermut, seine unzerbrechliche Tatkraft und christliche Zuversicht machen ihn zum Vorbild des Laien, dem die Zukunft der Christenheit – sofern sie von Menschen getragen wird – zu einem wesentlichen Teil überantwortet ist.« Brief von R. S. an Robert Schumann, Außenminister Frankreichs, Frbg., 24. 2. 1951

Heinrich von Schweinichen (beschaffte das Papier für die klandesti-
nen Drucke des Alsatia Verlages)
»Alle jungen Menschen, denen ich etwas von Ihrem Schrifttum
gebe, sind erfüllt vom Dichter und Seher Reinhold Schneider und
bei all den großen Einsamkeiten und tausend Schmerzen, die für
die meisten völlig verborgen hinter Ihrem wunderbaren Schaffen
stehen, muß es doch für Sie ein großes Glück bedeuten, daß die
Schneider-Gemeinde heute in Deutschland schon Hunderttausende
umfaßt. Sie ahnen garnicht, wievielen Menschen Sie schon durch
Ihre herrlichen Sonette über schwerste und dunkelste Stunden
hinweggeholfen haben.« H. v. S., Brief vom 19. Juli 1942

Heinrich Höfler, Leiter der kirchlichen Kriegshilfe, Abteilung
Schrifttum, in Freiburg
»Der Anteil des Caritasverbandes an meiner Arbeit gehört für
mich zu den unentbehrlichen Ermutigungen, Hilfen, Verpflichtun-
gen. Den größten Teil der Wirkung während des Krieges verdanke
ich ja den Aufträgen, die Heinrich Höfler erteilte und zum Einsatz
brachte.« Brief an den Caritasverband Freiburg, 2. Juni 1948

NACH DEM GROSSEN KRIEGE

ZWEI ERZÄHLUNGEN VON REINHOLD SCHNEIDER

Die letzte Reise des Kurfürsten Maximilian, Der fromme Herzog, Alsatia
Verlag, Kolmar 1941

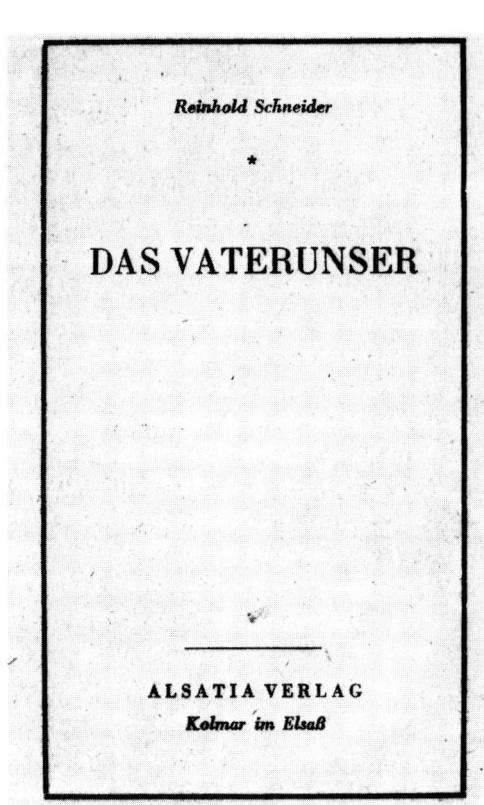

Reinhold Schneider

*

DAS VATERUNSER

ALSATIA VERLAG

Kolmar im Elsaß

Feldausgabe, Kolmar. Alsatia 1942
»Ihr Schriftchen ›Das Vater Unser‹ und der Vortrag ›Petrus‹, die
am 13.10 abgeschickt worden sind, habe ich vor einiger Zeit hier
vor Stalingrad in der Kalmükensteppe erhalten . . . Man wird wieder
emporgerissen aus Alltag und Gewohnheit. Man bekommt wieder
einmal etwas geistige Nahrung hier in dieser Steppe und Dürre.«
Gefreiter Wania an Reinhold Schneider, 21. Oktober 1942

Lieber Herr Schneider,

von einem Vorgang, der mich in diesen Tagen bewegt, muss ich Ihnen schreiben — er wird auch Sie erschüttern.

Der alte Berner Pastor, dem ich jetzt in meinem Hause in Zürich Herberge für die Kriegszeit gebe, hat seinen zweiten Sohn in Stalingrad. Dieser, ein Oberst des Generalstabes, gehört zu den höchsten dort befehlenden Offizieren. Er sah alles kommen und litt unsäglich unter dem ganzen Geschehen, bei bewundernswerter Haltung. Das letzte Schreiben

Einer von Tausenden von Briefen, die Zeugnis ablegen für die
Wirkung der Sonette in der Kriegszeit.

Johannes Kessels, Wehrmachtspfarrer 1939–1945
»Das ›Gottesreich in der Zeit‹ hat eine lange und sonderbare Geschichte . . . Ein katholischer Geistlicher der Wehrmacht war auf
den Gedanken gekommen, offenbar um seinen Mitbrüdern eine
geistige Hilfe zu bringen. Mitten in der Arbeit fühlte er sich unsicher
wegen der Autorenrechte. . . . Es gelang, eine größere Anzahl
von Exemplaren herauszubringen. Wir nannten sie die Krakauer
Würste, spielten sie doch eine gewisse Rolle, teils Freude, teils
Sorgen machend.« Brief an Heinrich von Schweinichen, 19. Mai
1947

Das Gottesreich in der Zeit

Sonette und Aufsätze

von

REINHOLD SCHNEIDER

Satz und Druck: Druckerei Udzialowa, Reichshof, um 1942

Porträt von Ewald Vetter
»Nichts als ein Dichter im Verfall der Welt.« Ewald Vetter
»Er ist ein Mensch, der in der Kunst den Auftrag zur geschichtlichen
Überwindung sieht und der sich niemals fürchtet, in die tiefste
Schlucht hinabzusteigen, um dort den Feind zu besiegen und das
Licht dahinzutragen.« R. S. (Brief vom 3. Aug. 1942)

LETZTE FREIBURGER
JAHRE

An den Turm des Freiburger Münster, geschrieben auf Anregung
von Erzbischof Dr. Hermann Schäufele

Loretto-Kapelle (nach einem alten Stich)
»Die Stadt grüßt herauf zwischen ihren weinbekränzten Bergen,
und der Turm des Münsters verschwimmt im Sommerdunst;
die Segensfülle der Sommerblüten und Früchte ergießt sich den
Hang hinab, und es braust und rauscht in den blühenden Linden.
Der Herr ist unsagbar müde von seinem Werk; aber die Welt ist
erlöst, und die Verheißung einer höheren Schönheit, als sie am
Schöpfungsmorgen besessen, liegt auf ihr.« »Lorettoberg«, in:
Schicksal und Landschaft

Blick aus dem Bibliothekszimmer auf den Birnbaum

An meinen Birnbaum
»Am Morgen eines dunklen Spätherbsttages schreckte mich ein
Krachen, Schleifen und Rauschen hinter dem Hause; . . . auf dem
Gartenweg lag die gleichsam noch atmende, von gelben Blättern
überrieselte Krone des Birnbaum, den ich ›meinen‹ Birnbaum
zu nennen pflegte. Wir können Wesen und Dinge lieben, auf die
wir keinerlei Anspruch haben. Das ist vielleicht die einzige Liebe,
die ihren Namen verdient.« Wiedergegeben in *Jahre der Freundschaft
mit Reinhold Schneider,* von Maria van Look

Der kranke Vogel

»Ich war immer geneigt, den Stand des Christentums und der Kultur am Verhältnis des Menschen zur Kreatur zu messen und nur, wenn die Menschen alle sich für das Ganze der Schöpfung, für alles Leben als Beschützer einsetzen, können wir den Frieden erhoffen, den wir so sehr ersehnen.« Zitiert von Maria van Look in *Franz Anton Mesmer – Reinhold Schneider*

Bibliothekszimmer in Freiburg i. Br., Mercystraße 2, mit dem
Schreibtisch aus dem Marmorpalast Potsdam, Geschenk
Wilhelm II. (Aufnahme nach dem Tode von R. S.)

Arbeitsraum mit der Couch, die für die Nacht zum Ruhen hergerichtet wurde, Mercystraße 2

Das letzte Gebet

Am morschen Tor mit waffenlosen Händen
Stehn wir vor Dir in Feindes Angesicht.
Das Dunkel schwillt heran. Wir streiten nicht.
Du kannst den Engel, der uns rettet, senden.

Doch ist's Dein Wille, laß uns schuldlos enden,
Daß Bruderblut nicht neue Klage spricht.
Wir sühnen nur. Gerecht ist Dein Gericht,
und Dir zum Ruhme soll es sich vollenden.

Vielleicht hast Du dies Eine nur geboten:
Zu hoffen, da der Erde Festen beben
Und über uns die Himmel brechen ein.

Befreie Herr, die Lebenden und Toten,
Vom Schwert befreie, die das Schwert erheben!
Wir knien waffenlos und werden Dein.

Reinhold Schneider 1944
»In einigen wenigen Einsichten scheint uns alles beschlossen, was
angenommen, was getan werden muß: Über dem Gewissen ist
keine Macht des Menschen, keine Pflicht: wird es nicht gehört,
so erkrankt alles Leben, und der Feind des Menschen erlangt Gewalt.«
Gedenkwort zum 20. Juli (1946)

Claus Graf Schenk von Stauffenberg
Peter Graf York von Wartenburg
Helmuth James Graf von Moltke
»Wir können jenen Männern nicht anders danken, als indem wir
darum ringen, dieser letzten Freiheit der sittlichen Entscheidung
uns zu versichern. Ihr Beispiel stärke uns in einer furchtbar umdroh-
ten, dennoch nicht unbegnadeten Welt und Stunde zum Denken
des Friedens und Rechts, zum Erdulden unserer Not, zum mannhaf-
ten Wirken aus unserm Gewissen!« Gedenkwort zum 20. Juli (1946)

REINHOLD SCHNEIDER

Der Mensch

vor dem Gericht der Geschichte

1946
VERLAG HANS BÜHLER jr.
BADEN-BADEN

»Welchen Namen die Geschichte der Macht einmal tragen wird,
die wir aufsteigen und die Welt bedrohen und zertrümmern sahen,
wissen wir nicht. Ein Grauen beschleicht uns, so oft wir diese Zeit
zu durchdringen suchen und uns nach ihren Zeichen, ihrem Gehalte
fragen. In ihrem Schatten sehen wir die immer wechselnden, verflie-
ßenden Züge eines Mannes, der im Grunde keinen Namen hat.
Alles scheint zufällig an ihm zu sein, selbst der Name – und dies
würde doch nur darauf hinweisen, daß er gleichsam aus einer anderen
Dimension kommt, daß das Irrationale in gewissem Sinne die
Heimat dieses Heimatlosen war.«

REINHOLD SCHNEIDER·

L'HOMME
DEVANT
LE JUGEMENT DE L'HISTOIRE

APPEL A LA CONSCIENCE ALLEMANDE

Traduit de l'allemand par Maurice de Gandillac

Introduction de **Robert d'HARCOURT**
de l'Académie française

ÉDITIONS DE FLORE

Französische Ausgabe von *Der Mensch vor dem Gericht der Geschichte*.
Das erste deutsche Buch, das nach dem letzten Krieg ins Französische
übersetzt wurde von Maurice de Gandillac, Historiker an der Sor-
bonne, eingeleitet von Robert D'Harcourt, ständiger Sekretär
der Academie Française.

Prälat Alois Eckert und Reinhold Schneider, Freiburg, 1938

Vom Dienst und Opfer am Altar erhellt
ein ruhig Leuchten all Dein Tun und Sein,
Du trägst es wirkend in die Not hinein,
bewegt vom Leid der friedelosen Welt.

Blick auf! Du hast Dein Ackerland bestellt
an ernstem Tag, bei heiligem Wetterschein;
ist nur der Frommen ganze Seele rein,
Umhüllt ihn Gott mit unsichtbarem Zelt.

Dies ist Dein großes Amt: die Zeit zu schaun
in unverstellter Wahrheit der Gefahr;
Wo alle lösen wollen, darfst Du binden.

Der Beter wird auf Felsengrunde baun.
Wer alles gibt, wird selber zum Altar,
Und am Altare wird das Volk sich finden.

für Prälat Eckert zur Vollendung seines 60. Lebensjahres. 9.1.1947

Shakespeare
»Wenn wir Dante das Geschichtsbild unseres Glaubens verdanken,
so Shakespeare den Ausdruck unseres Geschichtsgefühls. Das
eherne Maß der Zeit, ihr erschütternder Ablauf, das Einmalige
ihres Wertes, den der Einzelne an seiner einmaligen Stelle ergreifen,
darstellen muß, das Herauftauchen und Schwinden der Geschlechter-
reihen redet uns in seinen Tragödien an; das Fluten und Strömen
der Zeitlichkeit, in der ein Volk sich selber findet und vor der Welt
sich aussagt, haben wenige mit solcher Macht gebildet wie er.«
Shakespeare (1947)

Anton Kippenberg
»Und Pietas war Anton Kippenbergs Wesen: die Toten, die Form,
das Große, die Familie, die Weserstadt als Sinnbild aller Ordnung:
sie zu bestätigen in einer Epoche, die das Geheimnis der Form
verachtete, war er geboren. Er hatte eine ganz verhaltene, aber
sehr eindringliche Art, auf Jüngere zu wirken, eine formende Kraft,
die Ausstrahlung seiner Form war.« *Verhüllter Tag*

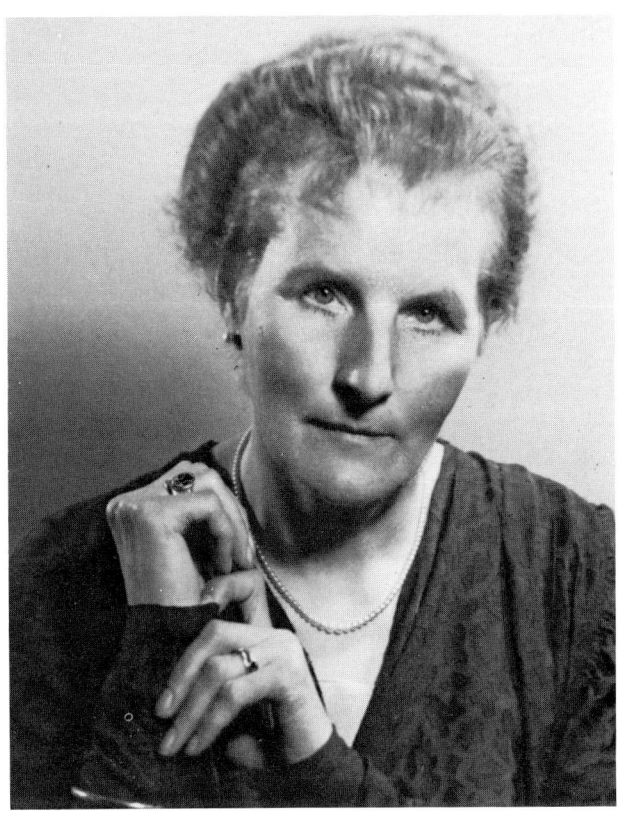

Katharina Kippenberg

»Das Unglück allüberall ist so groß, daß man nur groß davon
reden sollte oder schweigen nach dem Nietzsche-Wort. Groß reden
Sie ja nun darüber in den mannigfachen Sonetten, in den Heften
. . . da löst sich auch bei mir etwas und wenn ich Ihnen auch nur
kurz danke, so danke ich Ihnen doch aus tiefem Herzen und stimme
Ihnen zu, daß Ihr Wort wahrhaft zeitgemäß ist und daß es ihm
vielleicht gelingt, eine ratlose, schwer getäuchte und enttäuschte
Jugend zu erreichen und sie am Scheidewege gerade noch einzuholen
und vom breiten Weg des verstockten Trotzes und des Materialismus
aus Verzweiflung zurückzureißen.« Marburg, 20. Januar 1946

Ehrendoktor-Urkunde der Universität Freiburg i. Br.
Bei der Überreichung in der Wohnung des Dichters sagte der
Dekan der Philosophischen Fakultät, Professor Dr. Heiss: »Die
Fakultät beruft zu Ehrendoktoren Menschen, die ein Vorbild sind;
in diesem Falle handelt es sich nicht nur um Anerkennung einer
wissenschaftlichen Leistung, sondern hier wird etwas bewundernd
anerkannt, was in den ersten Worten des Diploms gesagt wird
(›dem standhaften Hüter und leidenschaftlichen Wiederhersteller
der ewigen Tugenden der christlichen Religion und der Humanität‹).
In einer Zeit, in der wenige gerade gestanden sind und bekannt
haben, in der wenige die Kraft gehabt haben, zu sagen, was ist
und was wahr ist ... da haben Sie dieses auf sich genommen, dies
getan.«

Die Rechts- und Staatswissenschaftliche Fakultät der Westfälischen Wilhelms-Universität zu Münster hat in ihrer Sitzung vom 25. September 1946 unter dem Dekanate von

Dr. Walther Hoffmann,
ordentlichem Professor der Volkswirtschaftslehre,

beschlossen, dem Dichter

Reinhold Schneider
Dr. phil. h. c.

die Würde eines Doctor juris utriusque honoris causa zu verleihen.

Die Fakultät verleiht diese Ehrenwürde für ein bereits reiches Lebenswerk, das dem wagemutigen Kampfe für die heiligen und ewigen Ordnungen geweiht ist. In einer Zeit der vom Rechte losgerissenen Macht hat der christliche Dichter Reinhold Schneider, wach für die Not des Tages und bereit zum mutigen Worte der Stunde, überaus kühn gestritten für den Rechtsstaat und den von Gott verliehenen Adel der Menschenwürde im Menschentume aller Völker.

Unter dem Rektorat des Professors der Theologie Prälat D. Dr. Georg Schreiber.

Münster (Westf.), am 25. September 1946

Der Dekan:

Ehrendoktor-Diplom der Rechts- und Staatswissenschaftlichen Fakultät der Westfälischen Wilhelms-Universität zu Münster »Die Verleihung des Ehrendoktors durch eine rechts- und staatswissenschaftliche Fakultät an Sie, den christlichen Dichter und Schriftsteller, bedeutet aber noch mehr; ein Bekenntnis zu einem in dem christlichen Denken wurzelnden Rechte. Das Recht ist nichts in sich Abgeschlossenes. Es hängt nicht im luftleeren Raum. Es erschöpft sich nicht im Gesetz. Es ist ein Stück der von Gott geschaffenen Weltordnung, Ausdruck seiner Macht, Größe, Herrlichkeit und Liebe. Zu dieser Sicht führt uns der Seher, wie Sie es sind. Zu dieser Sicht müssen wir streben, müssen wir ringen, um sie müssen wir beten, wie Sie es uns zeigen.« Aus der Ansprache von Professor Dr. Karl Peters bei der Überbringung der Urkunde am 3. Januar 1947

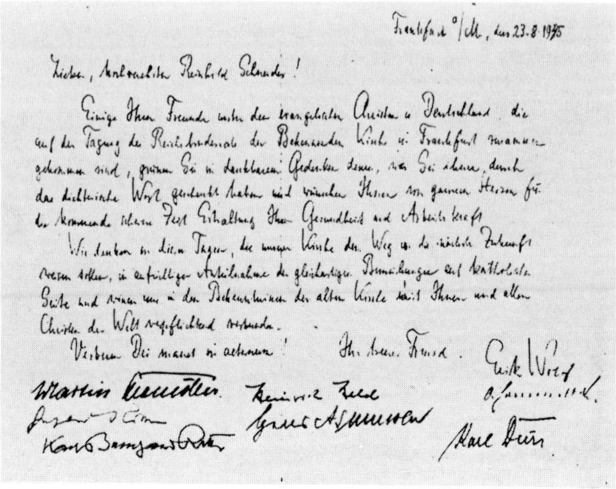

Frankfurt am Main, den 23.8.1945

Lieber hochverehrter Reinhold Schneider!

Einige Ihrer Freunde unter den evangelischen Christen in Deutschland, die auf der Tagung des Reichsbundesrats der Bekennenden Kirche in Frankfurt zusammengekommen sind, grüßen Sie in dankbarem Gedenken dessen, was Sie ihnen durch das dichterische Wort geschenkt haben und wünschen Ihnen von ganzem Herzen für die kommende schwere Zeit Erhaltung Ihrer Gesundheit und Arbeitskraft.

Wir denken in diesen Tagen, die unserer Kirche den Weg in die nächste Zukunft weisen soll, in aufrichtiger Anteilnahme der gleichartigen Bemühungen auf katholischer Seite und wissen uns in den Bekenntnissen der alten Kirche mit Ihnen und allen Christen der Welt verpflichtend verbunden.

Verbum Dei manet in aeternum!

Ihre treuen Freunde

Martin Niemöller   Gerhard Ritter

Heinrich Held   Erik Wolf

Karl Bernhard Ritter   Hans Asmussen   O. (unleserlicher Name)

Karl Dürr

138

Walter Abendroth
»Wenn überhaupt eine Deutung der Geschichte möglich ist, so
nur unter Ihrem Aspekt. Unter jedem andern ergibt sie keinen
befriedigenden Sinn und erscheint nur als trostlose ewige Wiederholung derselben Irrtümer, Torheiten und Verbrechen mit lediglich
jeweils vertauschten Namen. Permanent und progressiv erscheint
einzig und allein das Motiv des Kampfes zwischen den Mächten
Christi und dem Antichrist.« Brief an R. S. vom 15. Dez. 1947[*]

5. XI 47

Für Reinhold
Schneider —

mit herzlichen Grüßen von

Las Casas zu Las
Casas!

Alfred Döblin

Alfred Döblin, Widmung von *Das Land ohne Tod*, 1947

Gertrud von Le Fort und Reinhold Schneider, anläßlich der Verleihung des Annette von Droste-Hülsthof-Gedenkpreises, Meersburg
1948

Die Badische Landesregierung
hat auf Vorschlag des Ministeriums
des Kultus und Unterrichts beschlossen

Herrn Dr. h. c. Reinhold

SCHNEIDER,

dem Rufer in der Not unseres Volkes, dem dichterischen
Gestalter der Vergangenheit und Gegenwart aus
Anlaß des hundertsten Todestages der Dichterin

ANNETTE von DROSTE-HÜLSHOFF
diesen Gedenkpreis zu verleihen.

FREIBURG/MEERSBURG, 24. MAI 1948

Der Staatspräsident des Landes Baden

Urkunde des Annette von Droste-Hülshoff-Gedenkpreises 1948

Hermann Hesse
»Seit dem ersten Weltkriege hat Hermann Hesse den Mut, mit
dem fünften Gebot Ernst zu machen. Diese Haltung hat ihm viel
Feindschaft eingetragen, selbst der Pazifisten, zu denen er sich
ausdrücklich nicht rechnet. Für ihn geht es nicht um ein Programm,
nicht um eine Organisation, sondern um die Folgerung aus der
Einsicht, ›daß jeder tot geschossen Soldat die ewige Wiederholung
eines Irrtums ist‹, wie er im Sommer 1918 schrieb; ›es geht um
das Persönlichste: um das Gewissen. Seit Jahrtausenden schon
besteht das wichtige, für Jahrtausende grundlegende Wort: ›Du
sollst nicht töten‹; Hesse sieht die höchste Auszeichnung des Menschen darin, daß er dieses Wortes fähig war und ist.« Aus der
Besprechung von *Krieg und Frieden* durch R. S., 23. Oktober 1949

Hermann Kasak,
Widmung von *Das ewige Dasein* (1949)

ACADEMIA
SCIENTIARVM ET LITTERARVM
MOGVNTINA

VIRVM ILLVSTREM

Reinholdvm Schneider
in vrbe Avrelia Agvensi natvm

SOCIVM ORDINARIVM
DECLARAT ET ACADEMICORVM
HONORE ET PRIVILEGIIS EXORNAT

DATVM MOGVNTIACI DIE **XXV AVGVSTI MCMXLIX**

ACADEMIA SCIENTIARVM ET LITTERARVM MOGVNTINA

Urkunde über die Aufnahme als Ordentliches Mitglied durch
die Akademie der Wissenschaften und der Dichtung von Mainz
mit der Unterschrift u. a. von Prof. Paul Jordan und Alfred Döblin,
25. August 1949

Das Spiel vom Menschen, frei gestaltet nach Calderons *Schiff des Kaufmanns*. Uraufführung an der Studentenbühne Immensee, Fastnacht 1950

»Dies ›Spiel vom Menschen‹ gibt in überzeitlicher Form und dennoch in der Sprache unserer Tage ein Bild der menschlichen Seele als Schlachtfeld zwischen den Mächten der Finsternis und des Lichtes, ein Bild von der Größe und Gefährdung des Menschen, der ein König und Bettler zugleich ist. Alles Gedankliche aber umkleidet der Dichter mit Fleisch und Bein, er spielt mit lebendigen Gestalten, und dadurch ist in diesem Mysterienspiel immer Handlung auf der Bühne. Die Symbolik verliert sich nicht in idealen Räumen.«
»Vaterland«, Luzern

Leopold Ziegler und Reinhold Schneider

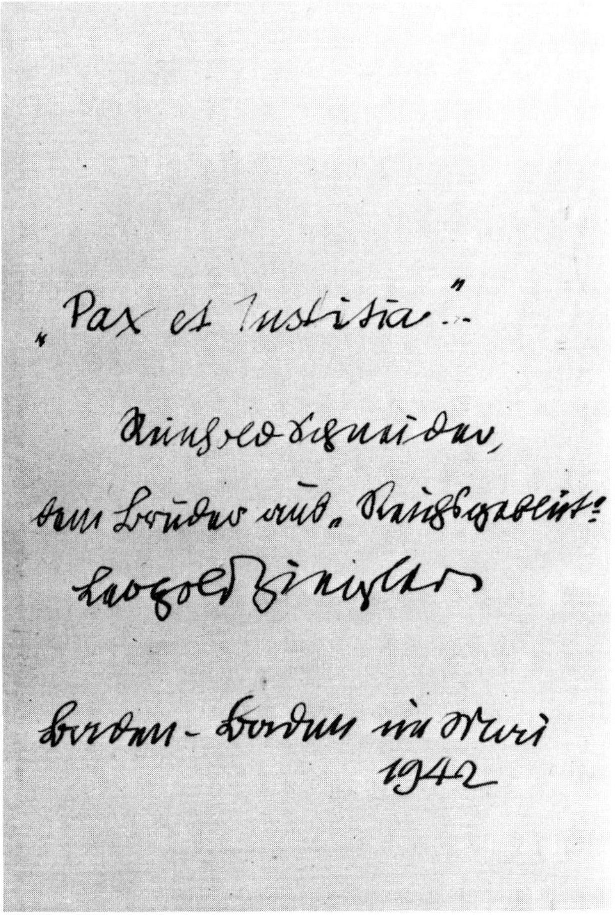
„Pax et Iustitia“ ..
Leopold Ziegler
Baden-Baden im März
1942

Widmungen von Leopold Ziegler zu *Die neue Wissenschaft, Edgar Julius Jung*

Unsere Verantwortung

»Vermutlich würde sich das deutsche Volk, wenn es befragt würde,
ohne beeinflußt zu werden, in der Mehrheit heute noch gegen
die Bewaffnung entscheiden ... Die geschichtliche Bestimmung
Deutschlands war und ist, die großen, die Welt erfüllenden Spannungen aufzunehmen, auszutragen, auszugleichen, nicht aber sich
mit den steigenden Spannungen zu laden; es soll, wenn es eine
geschichtliche Existenz führen soll, Ort der Begegnung sein, nicht
Herd; isolierende Schicht, nicht der Zünder des Geschosses ...
Darum muß es in dieser Stunde gesagt werden, daß die Bejahung
der Waffe – gleich unter welcher Absicht – eine sehr schwere innere
Gefahr bedeutet ... Es ist nirgends gesagt, daß die gute Sache
siegen wird. Das ändert nichts daran, daß sie vertreten werden
muß.« Erschienen im *Aufbau,* Ost-Berlin, März 1951

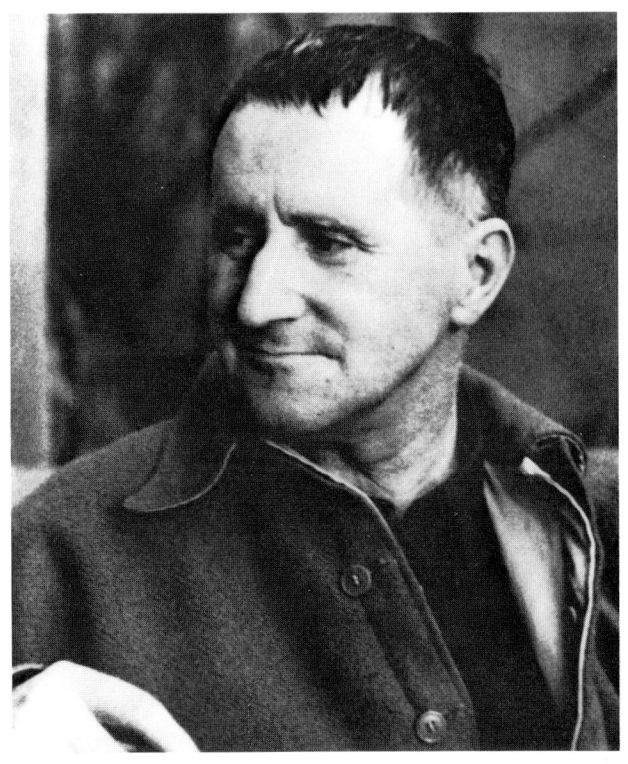

Bertolt Brecht

»Wollt ihr wirklich den ersten Schritt tun, den ersten Schritt in den Krieg? Den letzten Schritt, den in das Nichts, werden wir dann alle tun. Und wir wissen doch alle, daß es friedliche Möglichkeiten der Wiedervereinigung gibt, freilich nur friedliche. Uns trennt ein Graben, soll er befestigt werden? Krieg hat uns getrennt, nicht Krieg kann uns wieder vereinigen. Keines unserer Parlamente, wie immer gewählt, hat von der Bevölkerung Auftrag und Erlaubnis erhalten, allgemeine Wehrpflicht einzuführen. Da ich gegen den Krieg bin, bin ich gegen die Einführung der Wehrpflicht in beiden Teilen Deutschlands, und da es eine Frage an Leben und Tod sein mag, schlage ich eine Volksbefragung darüber in beiden Teilen Deutschlands vor.« Brief vom 3. Juli 1956

D. Albrecht Goes
»Es liegt mir daran, Ihnen zu sagen, daß ich ganz bei Ihrer Warnung
vor den Kräften der Wiederbewaffnung bin . . . ich mache daraus
natürlich auch publice kein Hehl . . . Ich wollte Ihnen nur sagen,
daß es an Hörern nicht mangelt. Nur: so sehr wir, Sie und ich,
an die Hörer, die Einzelnen glauben – wir dringen nie an Adenauers,
Eisenhowers und an des Mammons Götzenohr.« Gebersheim
bei Leonberg, Württemberg, am 18. Okt. 1951

»So steht dieser Dichter, dem viele in der Zeit der Tyrannei tiefen
Trost und letzten Halt verdankten, da er seine wunderbar ansprechen-
den religiösen Schriften und Sonette an sie gelangen ließ, schon
als Fünfzigjähriger vollendet vor uns, wahrhaft im Leide gereift,
in jahrelanger schwerer Krankheit gekreuzigt, von Schwermut
unablässig versucht, endlich diffamiert von offiziösen und offiziellen
Blättern –, der letzte große dichterische Rufer, dem die Vorsehung
das Wort gab.« Georg Heidingsfelder, *Dichter der Gnade,* »Aachener
Nachrichten« vom 13.5.1953

Die Tarnkappe. Uraufführung am 5. April 1951
Kriemhild: »Er aber glaubte . . . Und was er Wahrheit, was er
Freiheit nannte, war dieser Gott . . . Denn dieser Gott, Brunhild,
riß Siegfried von dir los . . . Und weil er dies getan, preis ich den
Gott, vor dem sich Siegfried niederwarf, preis ich das Kreuz, das
ihn verriet an Hagens Speer.«

Reinhold Schneider beim Freiburger Karneval, 1954

Rudolf Alexander Schröder
»Ihre Gabe, wer ist imstande, sie so aufzunehmen, wie sie aufgenommen werden müßte, um zu wirken, was sie wirken will und kann: Reinigung? Ich wüßte neben Ihrem Drama nur Hofmannsthals ›Turm‹ als ein Gedicht, von dem ähnliche Kräfte, ähnliche Mahnungen und Klärung ausgehen würden, wenn sie nicht – auch heute noch – von den meisten beiseite geschoben würden als etwas, das sie in ihrem Haschen nach dem Wind und den gottverlassenen Spiegelfechtereien und dem betriebsamen Selbstbetrug ihrer Tagträume und Scheinauskünfte stören und sie zu einer Antwort auf das ›Adam, wo bist du?‹ zwingen würde, für die sie ja doch nur Ausflüchte und ›verstellte Gebärden‹ bereit haben.« Sonnleithen/Bergen/Obb., 14.2.53

Hans Urs von Balthasar
»Sie als Laie, als Deuter der Geschichte und als Dichter dürfen
manches unvermittelter sagen und schroffer fordern als der, dem
die Rücksicht auf Theologie und Tradition obliegt. Sie reden aus
einer primären, unwiderleglichen Erfahrung: der Erfahrung dieser
zweitausend Jahre abendländischer und angeblich christlicher Geschichte, die eine so ununterbrochene Kette von unchristlichster
Gewaltanwendung und höllischem Kriegslärm darstellt, daß Ihnen,
wie Sie einmal sagten, davon ein für allemal das Trommelfell zerriß.«
Vorrede zu *Reinhold Schneider. Sein Weg und sein Werk.*

Thomas Mann
»Ein großer Schriftsteller! Wer empfindet nicht, daß dieses Wort,
für Thomas Mann gesprochen, einen ganz eigenen Klang hat,
als sei es nur für ihn gemacht, gar nicht abgenutzt, dem Mißbrauch
gar nicht zugänglich, das Eigentum des Toten? Man müßte schon
zu Voltaire zurückgehen, dem Liebling Schopenhauers, um Ähnli-
ches zu empfinden: ein großer Schriftsteller, das ist rastloser Arbeits-
wille, Erscheinung geworden in einem Werk; eine geistige Existenz
als Macht.«
Nachruf auf Thomas Mann, aus *Pfeiler im Strom*

Edzard Schaper
»Als ich Reinhold Schneiders ›Verhüllten Tag‹ las, habe ich an
Goethes Gedenkworte auf Schiller denken müssen, daß ›seine
durchgewachten Nächte unsern Tag erhellt haben‹. Reinhold Schneiders ›Verhüllter Tag‹ hat allen Geistern unserer Zeit ihren Tag
und seine Entscheidung zur Gewissenserforschung unverhüllt
offenbart – mit einer so erschütternden Wahrhaftigkeit, mit so
leuchtender sittlicher Reinheit und Macht, wie es vor mehr als
einem Jahrzehnt im Kriege Tausenden und Abertausenden aufgegangen und damals schon zu Trost und Führung geworden ist . . .
Deutschland hat ein Gewissen, solange Reinhold Schneider lebt.«
Juli 1954

»Nicht der Bekennende, das Bekenntnis, der, wenn auch noch
so unzulängliche Wiederklang des ›dunklen Worts‹ entreißen der
Vergeblichkeit. Werk und Leben können untergehn, wenn nur
zwischen den Stromschnellen in der Nacht auf Blitzesdauer das
Kreuz auf ihnen erschienen ist.« Vorwort aus *Verhüllter Tag,* im
Verlag Jakob Hegner, Köln/Olten 1954

Peter Brueghel der Ältere, 1565. Der Düstere Tag. Gemäldegalerie
im Kunsthistorischen Museum, Wien.

»Heute, da ich dies mit fünfzig Jahren schreibe, um mich und die
Zeit etwas besser zu verstehen, habe ich für die Stimmung meines
Lebens kein anderes Bild als Brueghels ›Düstern Tag‹. Die Lebens-
stimmung ist angeboren; sie macht die Erfahrung nicht, aber sie
korrespondiert. Sie ist Element des Geschicks.« *Verhüllter Tag*

Ernst Ginsberg
»Ihr Buch aber gibt so Vielem, was ich dunkel fühle, Sprache!
Und vor Allem: es ist ein Wiedersehen mit Deutschland, wie es
ganz selten geworden ist. Haben Sie Dank dafür! Dank für das
unverhüllte Bekenntnis zu unserer dunklen Weltstunde, Dank
für den Mut zum Bekenntnis der Ohnmacht vor *dieser Zeit,* für
den Mut zum Eingeständnis Ihrer Dunkelheiten, die die Dunkelheiten Vieler und nicht der Ungläubigsten sein werden. So paradox
es klingt: Ihr schwermütig umschattetes Buch strahlt Licht aus,
während allzuviele allzuhelle Bücher Finsternis verbreiten.« Aus
einem Brief beim Erscheinen des *Verhüllten Tag,* 25.1.54

Innozenz und Franziskus / Uraufführung an den Bühnen der Stadt
Essen, 13. Februar 1954 / Inszenierung: Heinz Dietrich Kenter, Franziskus: Heinz Weiss, Innozenz: Claus Clausen
»Innozenz: Wie wollt ihr leben ohne Haus und Gesetz, ohne Zucht
und Brot? – Franziskus: Unser Brot ist das Wort; wir brechen,
teilen und essen es unter uns von Tag zu Tag. Ich habe aufgeschrieben,
was wir befolgen wollen. Es sind wenige Worte, die zu lesen dir
nicht viel Mühe macht. Und es ist kein Wort von mir. Der heilige
Evangelist Lukas hat uns aufgeschrieben: Wir sollen die Rede tun.
– Innozenz: Was ihr wollt, ist unmöglich. – Franziskus: Das ists.
Es wird möglich, indem wir es tun. Der Weg wächst, Heiliger
Vater, auf ganz wunderbare Weise, wenn wir ihn gehen.«

Porträt des Regisseurs und Schauspielpädagogen Professor Heinz
Dietrich Kenter
Gezeichnet 1938 von Knud Knudsen, 1968 durch den Generalinten-
danten Boleslav Barlog in die Sammlung *Verdiente Theaterpersönlich-
keiten um das kulturelle Leben der Stadt Berlin* eingereiht, heute im
Berlin-Museum.

Nach der Aufführung beglückwünscht Theodor Heuss den Dichter
und den Intendanten Dr. Karl Bauer

Carl J. Burckhardt

Hochverehrter Herr

Kaum wäre eine andere Überraschung im Stande gewesen mir
solche Freude zu bereiten. Seit so vielen Jahren bin ich im Gespräch
mit Ihnen – in Portugal, immer wieder während meiner französischen
Jahre.

Ich danke Ihnen für Ihre Begrüßung und bin glücklch Ihnen endlich
die Hand reichen zu dürfen.

In Verehrung und Ergebenheit Ihr Carl J. Burckhardt, Essen, 12.
Mai 1955

Harald von Königswald
»Wenn eine junge Generation heranwächst, die Schmerz und Grauen
der großen Zerstörung nicht mehr bewußt erlebt hat, dann mag
zu ihnen aus der Vielfalt der Bilder des sich erneuernden Lebens
diese eine Stimme noch einmal klingen, aus der ganzen Weite tiefsten
Erlebens des inneren Reichtums des christlichen Abendlandes,
aus der Versuchung der Völker, aus dem Schmerz um unwieder-
bringlich Verlorenes, die Stimme des Warners, das Wissen eines
Leiderfahrenen, der es gewagt hat, aus der Hölle der stürzenden
brennenden, entweihten Erde seine Stimme voller Glaube und
Demut zu erheben.« Harald von Königswald, 1954

Albert Schweitzer und Reinhold Schneider am 30. August 1954
bei der Übergabe von Studentenhäusern an die Universität Freiburg
durch die französischen Behörden.
»Indem ich für die hohe Ehre danke, die mir der deutsche Buchhandel
erweist, möchte ich an die Worte erinnern, die Albert Schweitzer
an dieser Stelle vor fünf Jahren gesprochen hat. Er sagte, man könne
diesen Preis nur als neue Verpflichtung entgegennehmen. Denn
niemand werde von sich behaupten wollen, daß er genug für den
Frieden getan habe. Gewiß, es kann ja niemand genug für ihn tun.
Und daß bis heute nicht genug für ihn geschehen ist – oder geschehen
konnte –, kann niemand bestreiten.« Aus *Der Friede der Welt*

Reinhold Schneider und der Regisseur Dr. Günther Stark bei der
Hauptprobe von *Die Abrechnung* (Zar Alexander), Uraufführung
am Stadttheater Saarbrücken am 12. Nov. 1954
»Alexander: Das Land ist in großer Gefahr. Das Nichts ist aufgebro-
chen in seinem Innern. Ich bin dem ersten Sendboten der Vernichtung
begegnet – und ich weiß, daß er stärker ist als ich. Starez: Wer
fühlt nicht, daß diese Boten da sind? Ihr bekämpft sie mit Gewalt
. . . Und ihr fordert damit ihre Stärke heraus. Solche sind nur auszu-
treiben mit Beten und Fasten. Wenn Ihr nicht aus Gottes Kraft
streitet, werdet Ihr alles verlieren.«

1955 bei der Arbeit im Garten des Hauses Mercystraße 2
»Alle historischen Bücher bleiben so lebendig, die aus Zeitbedürfnis
heraus geschrieben sind. Projektion unserer Lebensauffassung
nach rückwärts (unbewußt). Historiker = großer Dichter.« Tage-
buch-Notiz Heinrich Wölfflins/Ende September 1894 mit Bezug
auf Jacob Burckhardts *Renaissance*

STUDENTENBÜHNE IMMENSEE 1956

JAN

Ein Ruf der Freiheit durch den
Eisernen Vorhang von

Paul Kamer

DER TOD DES VIZEKÖNIGS

Uraufführung

Ein Spiel von der falschen und wahren Macht von

Reinhold Schneider

ZWEI SPIELE VON MACHT, FREIHEIT UND GNADE

Der Tod des Vizekönigs. Ein Spiel von der falschen und wahren
Macht. Studentenbühne Immensee 1956
»Ein Spiel um das tragische Geschehen, in das Macht und Gnade,
Gottes Reich und Weltgewissen, geschichtliches Handeln unter
der Last der Schuld jedweder Macht auf Erden und die Dulderschaft
der Ohnmächtigen unter aller Gewalt auf Erden für die zeitlose
und ungeschichtliche Macht aller Kreaturen Gottes von eh und
je gestellt sind. Reinhold Schneider hat es . . . wie kein anderer
deutscher Dichter mit weit offenen Augen für den überzeitlichen
Herrn aller Geschichte auf Erden, in der Gestalt des Vizekönigs
gedichtet.« Edzard Schaper

Gottfried Benn

»Man bekam das wunderbar aufeinander gestimmte Duett zweier grandioser, in sich geschlossener Monologe zu hören. Benn vertrat den Standpunkt: Dichtung kann und soll nicht bessern. Sie soll verändern, sie soll die Stumpfheit des Alltags übersteigern. Reinhold Schneider: Dichtung könne den Menschen nicht bessern, wohl aber ›stellen für den Biß des himmlischen Jagdhundes‹. Mit diesem Bild von Francis Thompson schloß Reinhold Schneider.« Aus dem Bericht von Albert Schulze-Vellinghausen in der »Frankfurter Allgemeinen Zeitung« über die Diskussion im Kölner Funkhaus zwischen Gottfried Benn und Reinhold Schneider zum Thema »Soll die Dichtung das Leben bessern?«.

Verleihung des Friedenspreises des Deutschen Buchhandels. Neben
dem Dichter Bundespräsident Theodor Heuss, Dr. Arthur Georgi,
Vorsteher des Börsenvereins des Deutschen Buchhandels, Werner
Bergengruen.

Reinhold Schneider bei seiner Festrede
»Unsere Aufgabe ist: durch unser ganzes Sein und Wirken eine
nach Tyrannis strebende Ideologie, eine höchst unzureichende,
auf längst überholten Voraussetzungen ruhende Auffassung von
Mensch und Geschichte durch eine überlegene Erkenntnis und
Haltung zu beantworten . . . Und das ist ja der Inhalt der uns von
dieser Stunde auferlegten Einsicht, daß geschehen muß, was noch
nie geschehen ist, wenn die Welt, die wir vor uns sehen, die wir
lieben, der wir dienen möchten, gerettet werden soll.« *Der Friede
der Welt.* 1956

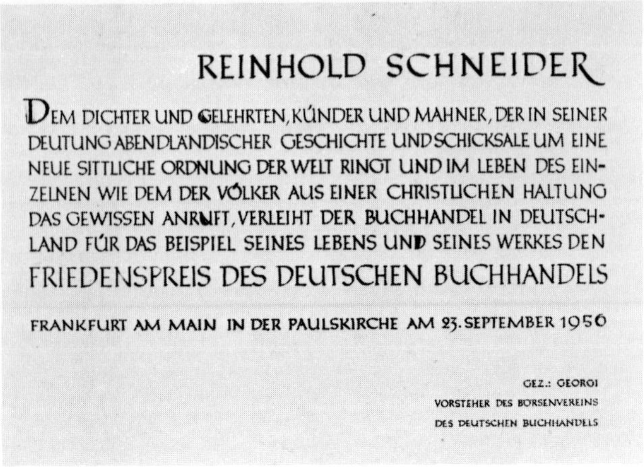

REINHOLD SCHNEIDER

DEM DICHTER UND GELEHRTEN, KÜNDER UND MAHNER, DER IN SEINER
DEUTUNG ABENDLÄNDISCHER GESCHICHTE UND SCHICKSALE UM EINE
NEUE SITTLICHE ORDNUNG DER WELT RINGT UND IM LEBEN DES EIN-
ZELNEN WIE DEM DER VÖLKER AUS EINER CHRISTLICHEN HALTUNG
DAS GEWISSEN ANRUFT, VERLEIHT DER BUCHHANDEL IN DEUTSCH-
LAND FÜR DAS BEISPIEL SEINES LEBENS UND SEINES WERKES DEN

FRIEDENSPREIS DES DEUTSCHEN BUCHHANDELS

FRANKFURT AM MAIN IN DER PAULSKIRCHE AM 23. SEPTEMBER 1956

GEZ.: GEORGI
VORSTEHER DES BÖRSENVEREINS
DES DEUTSCHEN BUCHHANDELS

Urkunde des Friedenspreises des Deutschen Buchhandels

Der Balkon, Insel Verlag 1957
»Ich korrigiere nun mein letztes Büchlein: eine Markttasche, gefüllt
mit Unmöglichkeiten. Vielleicht aber der einzige noch mögliche
Sprung ins Freie . . .« Brief an Josef Rast, 18. September 1957

Max Picard

Brief von Max Picard an Schneider

Jan Sibelius
»Wenn je das Werk eines einzelnen das Lied über seinem Lande
war, so das des Jan Sibelius. Und es geschieht wohl nicht zweimal
im Leben, daß man einem Manne die Hand reichen darf, der sein
Land ausgesprochen hat, der seine Stimme ist.« *Nordischer
Herbst*(1956)

Ernst Wiechert

»Von den Dichtern der Gegenwart hat er nicht nur eine der stärksten,
zartesten und zugleich tapfersten Begabungen, sondern er hat
auch eine Seele, die man die Seele eines Heiligen nennen könnte.
Nichts Unreines durfte sich vor seine Augen wagen . . . Er ›ruht
in Gott‹ unangreifbar, unanfechtbar, des Ewigen unerschütterlich
gewiß, und er tut es, was mehr ist, ohne den geringsten Hochmut,
ohne es sich zum Verdienst anzurechnen . . . Solange Menschen
und Dichter da sind wie er, doch aus der deutschen Seele und
deutschen Sprache aufgestanden, solange ist diesem Volk und
dieser Sprache auch Zukunft gegeben und solange kann die Scham
auch gemildert werden, die wir alle nach diesen Jahren so bitterlich
tragen . . .« Auf einem alten Blatt, im Nachlaß von E. W. gefunden.

Dies kleine Tempelchen
dem Baumeister an
großen Domen

in aller Herzlichkeit

Werner Bergengruen

Mai 1950

Werner Bergengruen

Erich Przywara
»Ich kann Sie nur dazu beglückwünschen, daß Sie in diesem Wirrwarr
das Wort fanden, wie es dem Wesen Deutschlands entspricht.
Noch mehr aber nun möchte ich Ihnen meine Freude sagen über
Ihr letztes Werk ›Der große Verzicht‹. In dem Geschichtsbild,
das Sie in Ihrem Werke uns geschenkt haben, ist dieses Buch für
mich vielleicht das Wichtigste: weil es die innere Problematik
und die innere Mystik in seinem Kernpunkt aufzeigt: in *dem* Rom,
das zwischen Papa Angelicus und Papa Diabolicus steht.« Brief
von E. P., 25. Februar 1951
»Ihre Stimme wiegt für mich mehr als ungezählte Stimmen, weil
Sie die Tragik der Kirche und der Geschichte unerbittlich in sich
auskämpfen und wirklich erfahren haben.« Brief von R. S., 28.
Februar 1951

Otto von Taube, Zeichnung von seinem Sohn Otto Christian
von Taube
»Reinhold Schneider hat sich in den bösesten Zeiten der Geschichte
als einer der Notwendigsten erwiesen, der stützte, der heilte, wo
alles zusammenbrach: Für mich jedenfalls der Notwendigste. Er
war mir Maßstab und er war das für viele, viele. Und dieser Maßstab
bleibt gültig auch für die Jahre, die jenen Kampfzeiten folgten.
. . . Er war von den Wenigen, denen gegeben war, das Überzeitliche
im Zeitlichen zu erkennen und aus dessen Wirren zu lösen.«

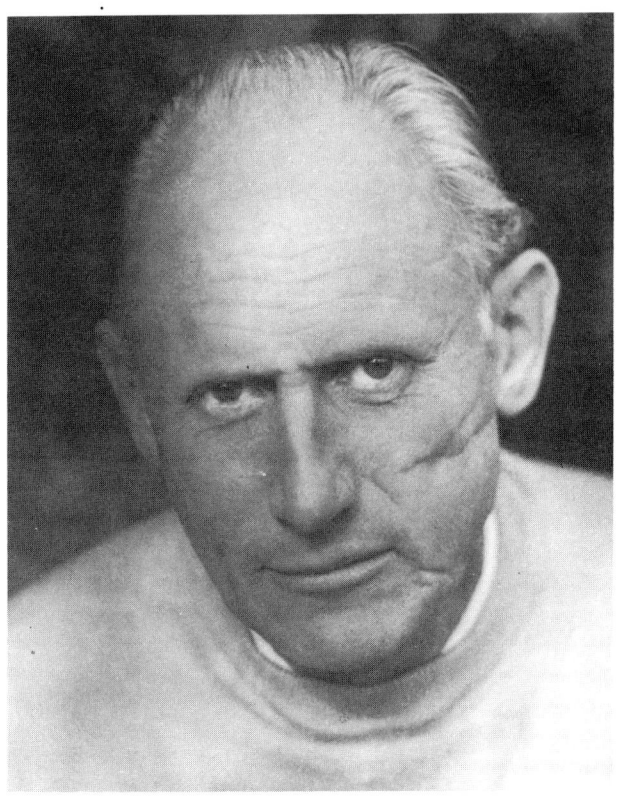

Paul Mahnert

»Mit ihm wurde kein Gespräch vertan, weil immer das Letzte
da war, der tragende Ernst, und damit auch der Humor – der sich
dort einstellt, wo Ernst, Güte und Sinn für Wirklichkeit zusammen-
treffen; Sittlichkeit, nicht als Vorschrift, sondern als Natur; Treue
als Lebensform, Herzlichkeit als Menschentum ... Seine Geistigkeit
hatte ihn mit einer Freiheit beschenkt, die mich dann und wann
mit einer Art ahnungsloser Trauer erfüllte ... Da konnte er wie
ein Mensch erscheinen, der, mitten im Leben und ihm zugewandt,
nicht mehr ganz da war, nicht mehr ganz fest wurzelte ... Zu
mächtig leuchtete ihm die Geisteswelt.« Ein Freund: Paul Mahnert.
Rede bei der Trauerfeier, 22. November 1956

Paul Claudel

»Es hätte keinen Sinn, den Dichter zu feiern, wenn wir ihn nicht
begreifen wollen, als die große Gegenmacht der Zerstörung, den
mit der Kraft der Schönheit, der Wahrheit, des Glaubens – und
der Ironie – begnadeten Überwinder des Dämons dieser Zeit.
Vielleicht gehören sehr viel Mut, sehr viel Männlichkeit, geschlossene
Selbstzucht dazu, die Einheit, den Frieden zu denken als die Angst.
Gedanken sind es aber, die die Welt verändern, gelebte, getane,
ins Bild gefaßte Gedanken. Sie wollen wahr, sie wollen wirklich
werden; es ist nicht möglich, mit ihnen zu spielen. Und wenn
ein Dichter eine Zeit betreten hat, so geschah es, um sie zu verändern
und zu erweisen, daß er ›mächtiger als der Kaiser‹ ist.« Schluß
des Vortrags von Reinhold Schneider zum 80. Geburtstag Paul
Claudels. (Unveröffentlicht, 1948)

Reinhold Schneider 1956
»Die Arbeit ist nun einmal die Gefährtin meines Lebens . . . Ich
möchte weiter gar nichts sein als eine Existenz in der Zeit: Perfer
et obdura, aber gerade für jetzt, für den Lebenstag oder die Lebens-
nacht . . . Ich erhebe keinen Anspruch auf einen guten Sitzplatz,
sondern ich gehe vorüber (sonst würde mir ja Lorca nicht so viel
sagen).« *Der Balkon*

Auf einer Vortragsreise nach Portugal, Dezember 1956
»Hier ist die Seele anders gestimmt als in irgendeinem Lande Europas; Leiden, Trauer und Sehnsucht haben irgend einen Akzent, und es ist nichts bezwingender als der portugiesische Tränenschleier über der Freude. Hier, in der Seele, der verschwimmenden Landschaft, dem betörenden Versklang entschleiern sich die Grenzen des Menschseins: wir sitzen am Ufer, und draußen, immer dunkler ansteigend, droht das Meer. Wir sind nicht mehr ganz zu Hause. Aber wir geben uns darein, denn Unerfüllbarkeit, das ist das große Geschenk an den Menschen.« Wiedersehen mit Portugal, Freiburg i. Br., 9. Oktober 1956

Reinhold Schneider und Anna Maria Baumgarten in Straßburg, 1957
»Ich konnte nicht mehr hingehen. Das Münster werde ich nie wieder sehen, aber über dieses Land hätte ich gern noch schreiben mögen. Es ist alles so lebendig in mir, daß ich . . . nur die Feder anzusetzen brauchte und ohne zu denken die Überfälle des Erlebten zu vergegenwärtigen vermöchte.« Zitiert von Josef Rast in *Der Widerspruch, das doppelte Antlitz des Reinhold Schneider*

Josef Rast
»Schneiders Aufgabe ist es nicht gewesen, außergewöhnliche äußere
Schicksale zu bewältigen, statt dessen aber war er mit einem besonders sensiblen Empfinden versehen: das Entscheidende der Vergangenheit aufzusuchen und leidend zu vergegenwärtigen, körperlichen
Schmerz in wachsendem Maße bis zur Unerträglichkeit zu erfahren,
seine angeborene Neigung zur Schwermut zu überwinden und
in alledem mit steigender Intensität nach der Wahrheit zu fragen,
nach dem letzten Sinn des Daseins und die Kraft zu bezeichnen,
die ihn aufgerufen und ausgesandt hatte.« Aus *Der Widerspruch,
das doppelte Antlitz des Reinhold Schneider*

Eduard Spranger

»Hätte ich das Glück gehabt, Eduard Spranger in den Krisen der
Jugend zu begegnen, unter seine pädagogische Einwirkung zu
gelangen, so wäre mein Leben gewiß anders verlaufen: Er hätte
die Kräfte geweckt, denen ich zu spät vertrauen lernte, und mir,
auf eine sokratische Art, von innen, wie aus mir selber wirkend,
viele dumpfe Jahre und verworrene Irrwege erspart . . . Ich glaube,
daß der Ernst wahrhafter Sittlichkeit sich unwiderstehlich auswirkt,
vor allem vermöge einer durch Jahre nachwirkenden Kraft.« »Streit-
barer Friede«, in der Festschrift zum 75. Geburtstag, *Bildnis eines
geistigen Menschen*

In seinem Arbeitszimmer in Freiburg
»Die Gestalten seiner Dramen haben Reinhold Schneider mitten
in der Nacht aufgeweckt, sie standen vor seinem Lager, er hat
laut und eindringlich ihre Dispute vernommen. Kaiser und Könige,
Heerführer und Soldaten führten zu Füßen seines Lagers ihre Streit-
gespräche und zwangen ihn mitten in der Nacht aufzustehen und
dieselben niederzuschreiben.«
   »An meinem Kachelofen, der ja mein Arbeitsplatz ist, diktierten
sie mir.« Überliefert von Anna Maria Baumgarten

WIEN –
DIE GROSSE
ELEGIE

Winter in Wien. Verlag Herder, Freiburg 1958, Lithographie von
Hans Fronius für den Buchumschlag
»Mir ist der Abschied von Wien schwergefallen; es ging Unermeßli-
ches an mir vorüber und mir durch die Seele; ich bin dem nicht
mehr gewachsen, aber ich fühle mich ganz verändert und taste
mich hier mühsam zurecht! Einer zersplitternden Welt kann ich
nur Splitter bringen.« Mitgeteilt an Werner Bergengruen am 25.
März 1958, zwölf Tage vor seinem Tode

1. Winter in Wien.

Sterbliche Gedanken soll der Sterbliche hegen, nicht unsterbliche der Sterbliche. Epicharmus aus Kos

Der Schatten des Taubenschwarms gleitet im ermattenden Schein der Lampen über den Platz; stummer Wirbel herbstlicher Blätter. Auch die Spatzen sind schon wach; sie kreischen in der Platane, um wie gestern, am späten Abend meiner Ankunft, einsam auf den Bänken die Milde des Novembers zu genießen. Ein Liebespaar wie wir..., eh es Tag wird. Im feierlichen Dunkel aber Dominikanerkirche beten Frauen den Rosenkranz vor dem Hochaltar; es ist ein lichtreicher Raum, erfüllt von harmonischer Kraft. Keiner der wenigen Beter in den Bänken ist allein. Das Mönch ... ... eines jeden Tages sein. Nun langsam aber sinkt die Stadt ins Grau; noch ist kein Frost über sie hingegangen; die Gärten ... Blüten in ihrem ... Grün, das die Mauer des Dominikanerklosters überwächst

Winter in Wien
Eine Manuskript-Seite

Die Reichsinsignien
»Der Halbedelstein wird zur unschätzbaren Kostbarkeit – an der
Krone; ein krummer Säbel ungewisser Herkunft ist Karls des
Großen ›Schwert‹; . . . Der Kaiser wird in eine die Ungeweihten
überragende Gerechtigkeit , Gläubigkeit, Dienstbereitschaft, aber
auch in einen ungewöhnlichen Glücksstand erhoben . . . Abglanz
des kaiserlichen Gott-Vaters, dessen Bild das Evangelienbuch
schmückt und besiegelt.« *Winter in Wien*

Barbarakirche

»... mein Blick fällt auf eine von einem Vordach geschützte Kirchentür ... Einladend ist der Anblick nicht; es ist eine schmalbrüstige nüchterne, in einen Trakt eingesprengte Front aus der Mitte des vorigen Jahrhunderts. Aber das ist nur die Schutzfarbe eines Geheimnisses. Innen schweben Kristallüster im Dunkel; zwei Engel, deren jeder drei Kerzen trägt, stehen vor der geöffneten Pforte der Ikonostasis ... Was die Lenker der Staaten nicht vermögen, ereignet sich hier, hinter geschlossener und doch sich willig öffnender Pforte. Rom und Byzanz in der Gegenwart der Ikonen, das Lateinische, das Slawische unter gedämpftem byzantinischem Glanz: Was könnte, was muß dieser Zusammenklang uns bedeuten!« *Winter in Wien*

Otto Hahn
»Ein Mann, dessen Bestimmung Fragen und Finden ist, gelangte
vor Sein und Nichtsein der Welt: die Forschung war nicht darauf
vorbereitet, die Verantwortung für Geschichte, ihren Übergang
in Geschichte anzunehmen. Forschung kann sich vielleicht in persön-
lich-ethischem Sinne festigen; ihr geschichtlicher Ort ist eine überra-
schende Entdeckung und noch kaum erforscht . . . Jegliches Experi-
mentieren und Entdecken müßte von einem großen Geschichtsbild
umschlossen sein . . . Auch das Genie arbeitet heute im Steinbruch
der Macht.« *Winter in Wien*

Max Mell
»Er legt das Bekenntnis seines Lebens und Wirkens ab: Glaube
an die Dauer, und das heißt an die Antike, das Volk und den
Menschen, an Österreich, Absage an den Untergang. Und dann,
aus dem vorgelesenen Vortrag über Stifter, dessen großes Wort:
›Mäßigung besiegt den Erdkreis‹.« *Winter in Wien*

Griechen Beisel

»Für die einsamen Arbeitsstunden ... des Nachmittags in einem
melancholisch-stillen Café strenggläubiger Zeitungsleser in einer
dunklen Straße am Aspernplatz – für diese Stunden also, die langen
und flüchtigen, hat sich mir zur Gesellschaft ein variables Kartenspiel
aus Bildpostkarten zusammengefunden; längst hat sich die Bedie-
nung daran gewöhnt, daß ich es vor meinen Schulheften und Büchern
ausbreite.« *Winter in Wien*

Peter Brueghel der Ältere, Der Sturm (1569)
Das Kartenspiel
»Das sind die Zweifler und Frager von der Kanzel des Stephansdoms;
das ist die von einem spiegelnden Saphir und Perlen gekrönte Krone
Rudolfs II. Gerne lege ich neben den schmalen goldbereiften Kristall
des burgundischen Hofbechers Brueghels Babylonischen Turm.
Es fehlt nicht an den tückischen Stechmücken des Hieronymus
Bosch, an dem Irren, dessen Helmzier einen Fisch verschlingt,
dem Narren, der mit verbundenen Augen gegen die Hölle zu Felde
zieht, dem nackten Weib, das sich von krötenhaften Teufeln im
Gesang unterrichten läßt. Und schon der kraftvoll-herbe Franziskus
Cranachs . . . könnte das Teufelsgewimmel in Schach halten. Brueghels Seesturm . . . ist das Porträt meiner Seele . . . Trumpf aber
im Kartenspiel, dem auch der Reichsapfel des Kaisers Matthias
angehört – Trumpf ist Maestoso Alea, der Schulhengst der spanischen
Reitschule. Sein Bild liegt stets in der Mitte. Ich füge noch ein
Gesicht hinzu, das von unheimlicher Größe der Rätselhaftigkeit
geprägt ist: es ist der Porträtkopf des Eutropios aus Ephesos. Zur
Versöhnung am Ende: Maximilian I., Porträt auf einer Münze
. . . und endlich das Unwahrscheinlichste dieser Erde: Franz I.
und Maria Theresia, ein Doppelporträt auf einem Medaillon.«
Winter in Wien

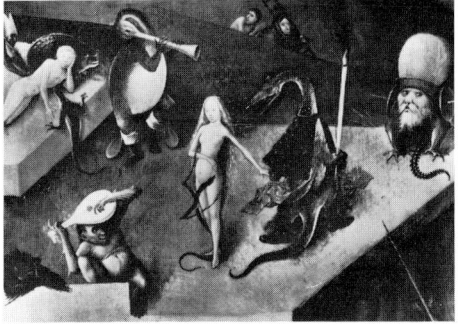

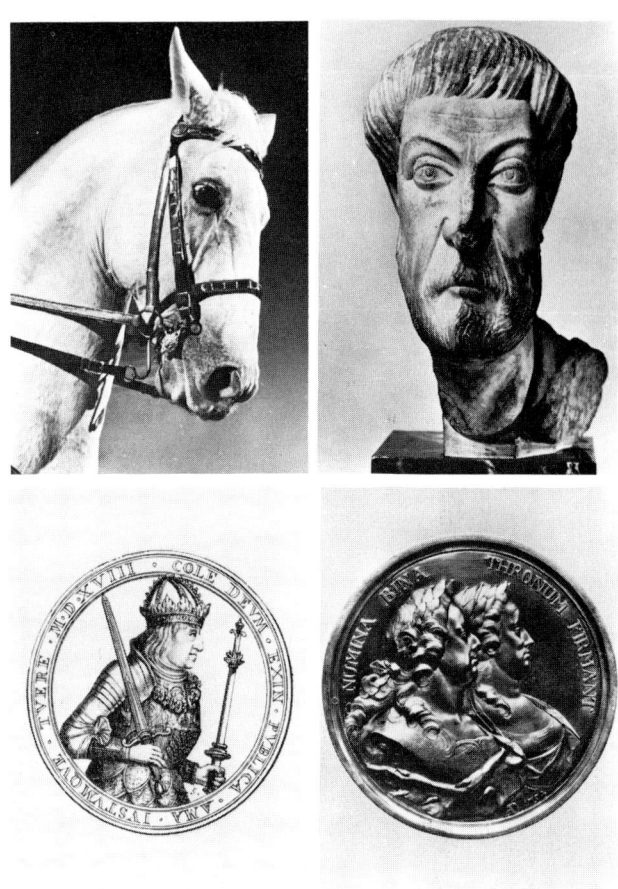

Hans Fronius
»Der Verlag Herder bereitet den Druck meiner Wiener Notizbücher
vor, sehr subjektive Aufzeichnungen aus diesem Winter. Diese
würden in hohem Grade gewinnen, wenn Sie sich entschließen
sollten, etwa vier oder fünf Graphiken beizutragen (einschließlich
des Umschlagbildes) . . . Halten Sie es nicht für anmaßend, wenn
ich meine, daß Ihre Kunst auf sonderbare Weise zu meinen Fragmen-
ten paßt. Sie sind der Einzige, der mich begleiten könnte, wenn
Sie dazu bereit sein werden.« Reinhold Schneider an Hans Fronius,
Freiburg, 3. April 1958

Hans Fronius: »Pietà«, »Der Kaiser«
»Hans Fronius kam am Nachmittag in seiner strahlenden Kraft,
die so vieles verdeckt, was sein Werk aussagt. Er brachte mir ein
Blatt, das ich erst am Abend enthüllte: die Pietà, Klage ohne Trost
um den in Todesfinsternis erlegenen Sohn . . .

Fronius schenkte mir zum Abschied, der mir ans Herz ging,
den ›Kaiser‹ der ›Imaginären Porträts‹. Es ist der heilige Wahn,
der über den Völkern loderte, tröstliches Irrlicht über den Sümpfen.
Und was wären wir ohne den Tanz verderblicher Lichter, die Danse
macabre der Macht?« *Winter in Wien*

Klosterneuburg
»Das eigentliche Heiligtum des Stifters, vielleicht Österreichs
selbst, ist der einstige Kapitelsaal, in dem der Schrein des Gründers,
Leopolds III., des ›Guten‹, des Heiligen, geborgen ist. Er krönt
den ›Verduner Altar‹, das im Jahre 1181 vollendete Werk eines
wandernden Goldschmiedes aus Verdun . . . Hier ist das Denkmal
des Ursprungs, ausgezeichnet mit der vielleicht größten Kostbarkeit
des Landes.« *Winter in Wien*

»Ein wenig mühsam raffe ich mich auf zur Straße meiner Liebe,
ins Griechenviertel; in der griechisch-orientalischen Kirche, über
die Kerzenflammen, das geöffnete Geheimnis der zierlichen Ikonen-
wand, die Weihrauchwolken wogt der feierlich-traurige altgriechi-
sche Gesang. Wie gern würde ich mich in der Wand verbergen,
unsichtbarer Gast!« *Winter in Wien*

P. Robert Begemann SJ
»Er ist seiner Sache ganz sicher; was jetzt mit ihm geschieht, ist
Offenbarung; die Wahrheit macht sich kund. Oder es ist Abberufung
– durch das Feuer hindurch. ›Kommen Sie hierher. Arbeiten Sie
hier an meinem Tisch . . .‹ Ich habe – ich hätte – nach fast aussichtslo-
ser Wanderschaft den gemäßen Arbeitsplatz gefunden, unter dem
brüderlichen Schutze eines Glaubens, der mich beschämt. Nie
sah ich die ignatianische Form in solcher Strahlkraft.‹ in
Wien

Käthe Prager-Braun

»Es wurde mir wieder klar, daß die Stärke des Glaubens und des Lebenswillens einander entsprechen. Mit welcher Genialität hat das Judentum die Herabsetzung und Verfolgung beantwortet, überstrahlt! Simone Weil, Edith Stein, Gertrud Kolmar; in dieser Reihe könnte Käthe Prager-Braun stehen; sie hat, was vielleicht selten ist, die vom Alten Testament empfangene Kraft auf dem Boden des Neuen zur Entfaltung geracht, das ›ich aber sage euch‹ eingeschmolzen; Simone Weil hat das nicht vermocht.« *Winter in Wien*

Felix Braun

»In meinem Alter schließt man Freundschaften schwer. Mit Reinhold
Schneider aber bin ich so zusammengeklungen wie kaum je mit
einem anderen Dichter. Es war beglückend, mit ihm zu sein, ihm
zuzuhören, in seine Augen zu schauen . . . Er war ein Märtyrer
und trug sein Sonderschicksal mit vorbildlicher Tapferkeit . . .
Er starb in demselben Alter, da Dante, Shakespeare, Hofmannsthal
starben. War das ›Gottes gute Zeit?‹? Ich wage nichts mehr zu
sagen.«

Reinhold Schneider in Wien

». . . Da stand plötzlich die rührend lange, ganz in Schwarz gewandete
Gestalt, skandinavische Zeitungen unterm Arm, vor uns und
wünschte, in einem stillen Lokal ein ungestörtes Beisammensein
abzuhalten . . . Er saß so, daß er sich niedergebeugt hielt, um besser
aufzunehmen, seine innigen Augen, denen Heiterkeit so gut anstand,
seine langen, sehr weißen Hände, die er gern in der Form des Kreuzes
aneinander legte, seine demütige Stimme, die jeden Versuch, seine
Arbeit anzuerkennen, abwehrte, alles, was von diesem lauteren
Menschen ausging, neigte mich ihm zu.« Felix Braun im *Insel-
Almanach auf das Jahr 1959*

Ferdinand Raimund
»›Alpenkönig und Menschenfeind‹, in der Burg, der österreichische
Timon also. Der Shakespearesche ist nicht weniger befangen in
der Unkenntnis seiner selbst, in der Selbstsucht wie Rappelkopf,
wie wir alle . . . Die Reflexion des Ich in einem zweiten Ich . . .,
die Aufteilung des Ich in zwei Personen, seine ironisierende Spaltung
und Spiegelung ist eine geniale theatralische Idee, in der noch unge-
nutzte Möglichkeiten schlummern: Sie zeigt wieder, wie modern
die romantische Psychologie, wie romantisch die moderne ist.«
Winter in Wien

Franz Grillparzer (Zeichnung von Hans Fronius)
»Ethos im Drama ist freilich Formgesetz: ohne Ethos keine Form.
Er legte sich schweigend ... den immensen Schatz seiner Kritiken,
Ironien, Geständnisse, Huldigungen und Verhöhnungen an, ein
Bergwerk der Selbst- und Zeiterfahrung, das dem zu Tale Fahrenden
zur Falle wird. Dieser ein nicht-dichterischer Nachlaß, vielleicht
sein bedeutendster, ist der unterirdische Kalvarienberg der Monarchie, das verschwiegene Labyrinth ihrer Passion ... Ein Österreicher
dieses Ranges, solchen Wissens konnte im 19. Jahrhundert nicht
glücklich sein; er konnte es nicht sein wollen.« *Winter in Wien*

Franz Theodor Csokor

»In Csokors ›3. November‹ in der Burg die Abrechnung mit einem
Todfeinde Österreichs: dem Nationalismus. Der unpathetische
Abschied des Obersten, des alten Österreich, hat mich ergriffen:
›Habe die Ehre.‹ . . . Hier geht es – eindrucksvoll und in heißem
Schmerz – um die Karte, die politische Fläche . . . Ohne die Atmo-
sphäre, in der sich das Völkerreich entfaltete, können wir kaum
verstehen, was Österreich war und was mit ihm unterging. Die
politischen Prognosen des 1937 uraufgeführten Stückes sind seither
von einem jeden Jahr bestätigt worden . . . Europa kann nicht
Europa sein, kann nie Europa werden, wenn es Österreich nicht
versteht.« *Winter in Wien*

Carl Zuckmayer
»Zuckmayer ließ sich verlocken, eigene Verse seiner bewunderns-
werten Nachdichtungen Bellmannscher Gedichte, dazwischen
frühe Verse Benns frei zu zitieren; die Themen: das Leid der Kreatur
und das gloriose Elend des Dichters, welche Themen zusammenge-
hören . . . Dieses Problem dichterischer Existenz fand gestern
abend seine erschütternde Sprache. Ich habe Zuckmayer immer
für den einzigen Erben Gerhart Hauptmanns gehalten.« *Winter
in Wien*

Heinrich Suso Waldeck
»An der südlichen Außenwand der Kirche Maria am Gestade –
diesem bezaubernden schlanken gotischen Fährschiff, das nicht
mehr vom Ufer kam – erinnert ein Medaillon an Heinrich Suso
Waldeck ... Ich glaube nicht, daß wir ›draußen‹ Heinrich Suso
Waldeck und sein ›weltscheues Lied‹ hinreichend gewürdigt haben;
er starb am 4. September 1943 im Waldwinkel St. Veit im Mühlkreis,
priesterlicher Dichter, der Seuses Namen, dieses Mystikers religiöser
Tragik, nicht vergeblich führte – eine herbe männliche Gestalt.
›Rast im Dunkel‹ heißen die nachgelassenen Gedichte.« *Winter
in Wien*

Adolf Portmann
»Adolf Portmann verdanke ich Trost, der eine neue umwälzende
Ansicht gewisser Phänomene des Lebens entworfen und begründet
hat: die Beschreibung der Tiergestalt jenseits des Nurverständlichen,
aus Liebe zu ihrem Geheimnis, zu – nach menschlichem Ermessen
– zweckloser Schönheit, die dennoch auf rätselvolle Weise überein-
stimmt mit unseren Sinnesorganen.« *Winter in Wien*

LETZTE JAHRE
TOD
NACHLEBEN

Reinhold Schneider und Anna Maria Baumgarten, Wien, März
1958
Schnappschuß von Ute Mahnert

Auf dem letzten Wege

Seit ich gestorben bin
Ist mir so leicht,
Alle Liebe schwand hin
Tränenschwer, morgenfeucht
Flügelt dem Adler nach
Der mit Gespenstermacht
Über die Ebene brach
Tödliche Völkerschlacht.
Aus den kleinen Taschenbüchern, Wien, Jan. 58

Büste von Albert Schilling, 1954, Badische Landesbibliothek,
Karlsruhe

Dichter: ».. . Ich bin / Das Echo nie erblickten Katarakts, / Und
was ich wahrhaft fühle, tönt kein Wort. / Gestalten, steigend, stürzend klingen an / Vom Ungeheuren, das mich übermächtigt /
Und mich verstummen läßt, eh ich es will . . . Wie willst du halten,
was so haltlos ist?«

Bildhauer: »Mir steht die Zeit. Der große Augenblick, / Da die
Vergänglichkeit gerinnt und Zeit / Gestalt wird, der Vergleitende:
der Mensch / In einer Geste sich zusammenfaßt / Und Standbild
seines Schicksals ist . . .«

Reinhold Schneider: »Bildhauer und Dichter«, in: *Schilling-Monogra-
phie*, NZN-Verlag, Zürich

Porträt von Hans Günther van Look, 1958
Badische Landesbibliothek, Leihgabe vom Land Baden-Württemberg

Gott, Du hast in Deiner weisen und gütigen Vorsehung Deinen Diener Reinhold mit der Gabe des Wortes ausgezeichnet und ihn zum Zeugen der Wahrheit berufen. Er hat Dich in seinem Leben und Werk verkündet und viele von uns zu Dir geführt. Du hast ihn aber auch mit manchem Schmerz des Leibes und der Seele heimgesucht. Aus Liebe zu Dir und zu uns hat er alles Leid auf sich genommen und zu Ende getragen.

—

Mit Wehmut nehmen wir Abschied von dieser großen Seele. Schenke ihr die ewige Ruhe. Dein ewiges Licht leuchte ihr. Uns aber vereine nach diesem irdischen Leben für immer mit dem geliebten Toten vor Deinem Angesicht.

Bitte um ein Gedenken im Gebet für die Seele des Dichters und Beters

REINHOLD SCHNEIDER

geboren am 13. Mai 1903 in Baden-Baden
gestorben am Ostersonntag, 6. April 1958,
in Freiburg im Breisgau

—

*Viel Schmähung und Leid hat mein Herz zu erwarten.
Da schau ich aus, ob einer Mitleid mit mir habe —
niemand kommt. Einen Tröster such ich —
keinen find ich.* Ps. 68, 21

*Ich sterbe nicht, ich werde leben und werde künden
die Werke des Herrn.* Ps. 117, 17

*Für jetzt bleiben Glaube, Hoffnung und Liebe,
diese drei: am größten aber von ihnen ist die Liebe.*
1 Kor. 13, 13

Totenmaske und Totenzettel

Die Grabstätte der Familie Messmer-Schneider auf dem Friedhof in Baden-Baden

»Seit zwei Tagen sind wir alle in Deutschland, ob wir uns nun zu den Katholiken oder zu den Protestanten zählen, so man der Meinung ist, daß die Gemeinschaft des Geistes und der Geister etwas gelten müsse in unserem Lande, um einen der glaubwürdigsten unter den hommes de lettre ärmer geworden. Wer es heute noch nicht begreifen kann, der wird es ganz gewiß morgen erfahren und vielleicht sogar, sollten die Zeiten härter werden, am eigenen Leibe spüren. Reinhold Schneider ist tot.« Gert H. Theunissen, Sonntag 6. April 1958 am Radio

Gertrud von le Fort

»Er ist von uns gegangen als ein längst Vollendeter, aber auch
als ein Unersetzlicher. In der furchtbaren geistigen Not unserer
Zeit war er Tausenden Trost und Wegweiser: Nach menschlichem
Ermessen können wir ihn nicht entbehren, aber sein Werk wird
verpflichtend und stärkend mit uns gehen.«

BURGTHEATER

Mittwoch, den 8. Oktober 1958

Allgemeiner Kartenverkauf und Abonnement X. Gruppe

DER GROSSE VERZICHT

Dramatische Dichtung von Reinhold S c h n e i d e r
unter Benützung der Bühneneinrichtung von Wolfgang Petzet

Petrus von Murrhone, als Papst Petrus Cölestin V.	Ewald Balser
Benedetto Gaetani, später Papst Bonifaz VIII.	Ernst Deutsch
Latinus Malabranca ⎫	Felix Steinböck
Matteo Rosso ⎮	Ulrich Bettac
Jacob Colonna ⎮	Otto Schmöle
Pedro Colonna ⎬ Kardinäle	Andreas Wolf
Napoleon Orsini ⎮	Norbert Ecker
Hugo Sotin ⎭	Wilhelm Schmidt
Richard von Siena	Emmerich Reimers
Ein alter Kardinal	Friedrich Neubauer
Ein französischer Kardinal	Heinz Winter
Jacopone, Kaplan Benedetto Gaetanis . . .	Peter P. Jost
Zweiter Kaplan	Otto Kerry
Ambrosius ⎫ Eremiten	Hans Thimig
Hieronimus ⎭	Max Willimsky
Karl II., der Lahme, König von Neapel aus dem Haus Anjou	Heinz Woester
Ludwig, sein Sohn	Jörg Liebenfels
Kanzler des Königs	Eduard Volters
Karl von Valois	Stefan Skodler
Sciarra Colonna	**Helmut Janatsch**
Petrus, Graf von Caserta, Neffe Benedetto Gaetanis	Erich Auer
Ein Hirte	Josef Wichart
Erster Schreiber	Helmuth Krauss
Zweiter Schreiber	Otto Pandura
Ein Kaplan	Gandolf Buschbeck
Ein Prior	Karl Eidlitz
Ein Arzt	Paul Pranger
Ein Landmann	Georg Hartmann
Seine Frau	Lilly Stepanek
Knabe	Heinz Czeike
Erster Fischer	Viktor Braun
Zweiter Fischer	Eduard Fuchs
Ein Hauptmann	Josef Wichart
Ein Soldat	Johannes Neuhauser
Ein Reiter	Fritz Horn
Ein Gesandter	Gandolf Buschbeck

Zeit: Um die Wende des 13. Jahrhunderts
Ort: Perugia, Gebirge, Sulmona, Neapel, Küste, Anagni, Rom

Regie: Josef Gielen
Bühnenbilder: Teo Otto
Kostüme: Liselotte Erler
Technische Einrichtung: Sepp Nordegg

15 Bilder

Nach dem achten Bild eine größere Pause

Anfang 19.30 Uhr · · · · · · · · · · · · Ende nach 22.30 Uhr

Programm zu *Der große Verzicht*

Der große Verzicht, Welturaufführung, Bregenz, 18. Juli 1958.
Wiederaufnahme am Burgtheater 9. September 1958.

Der Verzicht; Dritter Teil, Fünfte Szene: Petrus von Murrhone
(Papst Cölestin V.) Ewald Balser): Ich versichere euch, daß ich
die Krone niedergelegt habe, weil ich erkannt habe, daß ich ihrer
nicht würdig bin. Ich habe es freien Willens getan.

Ludwig, Sohn Karl II., König von Neapel aus dem Haus Anjou
(in den Saal stürzend) (Jörg Liebenfels) Heiliger Vater!
Petrus: Du? Mein Sohn! Mein innig geliebter Sohn! O daß du
mich führen könntest an das Ende der Erde, über die Erde hinaus.
Ganz rechts auf dem Bilde Benedetto Gaetani, später Papst Bonifaz VII. (Ernst Deutsch).

Der große Verzicht; Fünfter Teil, Schluß-Szene, Links: Ludwig
(Jörg Liebenfels, auf dem Thron, nunmehr Papst Bonifaz VIII. (Ernst
Deutsch), rechts Karl II. (Heinz Woester)

Ludwig: Heiliger Vater, du kennst mich, ich bin Ludwig, der
Sohn König Karls. Ich bin gekommen, meine Krone vor dir niederzu-
legen und dich um deinen Segen zu bitten. Ich bin nicht zum König,
ich bin zum Priester bestimmt.

Benedetto Gaetani: Karl von Anjou, das ist ein hartes Wort für
dich! Ist das die Rache des Petrus von Murrhone, daß der Verzicht
sich wie eine böse Seuche forterbt?

Karl Pfleger
»Je länger man Reinhold Schneider auf seinen Wegen in die Tiefe
begleitet, um so beklommener wird man. Denn ihn zieht es mit
Gewalt gerade in jene Tiefen, wo das Unheimliche, das Unmenschli-
che, das uns Menschen Befremdende und Empörende am stärksten
sich verdichtet . . . Ihn erfüllt das Lebensphänomen mit Entsetzen.«
Kundschafter der Existenztiefe, Verlag Josef Knecht. Carolusdruckerei,
Frankfurt am Main 1959

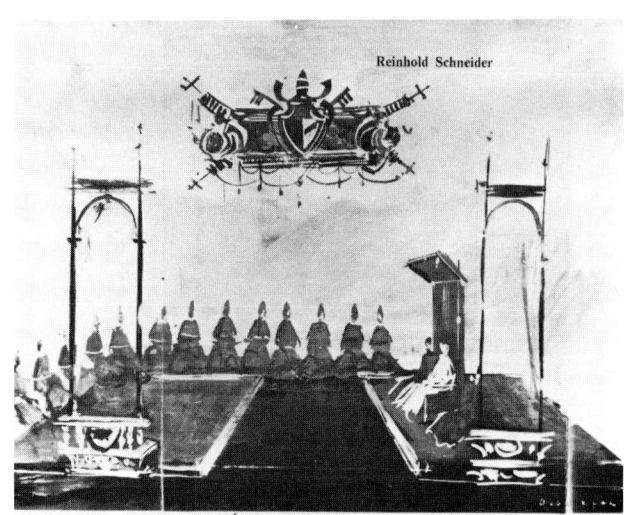

Reinhold Schneider

La Grande Rinunzia

Reinhold Schneider
La Grande Rinunzia (Der große Verzicht)
   Traduzione dal tedesco di Adelheid Dolar dall' Homo Viator
(Casa Ed. Hegner-Bachem, Colonia 1972) Accademia Cateriniana
Di Cultura Sulmona, 1976

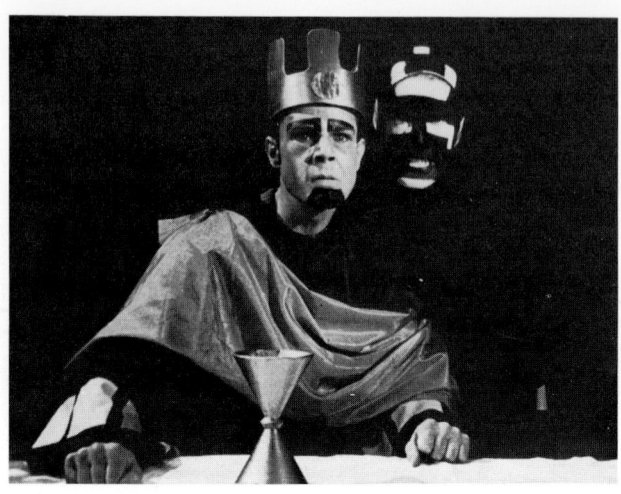

Belsazar, Gestaltet nach Calderons *Cena de Baltasar.* Aufführung
durch das Schultheater Bethelehm/Immensee/Schwyz, Februar/
März 1962

»Geschrieben 1948 unter dem Eindruck des Machtrausches
der Nazizeit, ist das nur als Unterströmung spürbar, wenn auch
so stark, daß sich das Werk von innen her in seinem Sinn ganz
verwandelt hat . . . Mit der Ineinsschau der alttestamentlichen
Begebenheit und des neutestamflichen Heilsgeschehens wird
das Wissen um die untrennbare Zusammengehörigkeit des Alten
und des Neuen Bundes, wie sie den alten Sakramentsspielen zugrunde
lag, erneut ins Bewußtsein gerufen. Vor allem aber gewinnt sie
in der schlichten, knappen, dichten, reimverfugten Sprache Reinhold
Schneiders neue Wirklichkeit.« E. M. Landau in den »Neuen Zürcher
Nachrichten«

Der Traum des Eroberers. Uraufführung am Bayerischen Fernsehen, 27.3.1964. Inszenierung – Fritz Umgelter.

1. Wilhelm (Rolf Boysen): Sie sagen, sie wollen deinen Schwager Harold zum König wählen.

Edward (Kurt Horwitz): Nicht Harold! Nicht Godwins Blut! Du sollst England reinigen von seinen falschen Priestern – von denen, die Englands König beherrschen, erniedrigen wollten . . .

Wilhelm: Das ist zu groß. Das trifft mich wie aus dem Himmel geschleudertes Feuer. Englands Krone, Englands. Die Krone heiliger Könige . . .

Am 10. Dezember 1970 wurde im Rathaussaal von Freiburg die
Gründungs-Urkunde der Reinhold Schneider-Gesellschaft e.V.
unterzeichnet. Frau Dr. Maria van Look bei der Unterzeichnung.
In ihrer und ihres Mannes Dr. Hans van Looks Wohnung und
Schutzkeller fand der Dichter in den 15 Jahren seines Freiburger
Aufenthaltes Gastfreundschaft und Geborgenheit.

Hinter ihr Prof. Dr. Bappert, Oberbürgermeister Dr. Eugen
Keidel, auf dessen Initiative in Übereinstimmung mit dem Kulturde-
zernenten, Ersten Bürgermeister Dr. Gerhard Graf eine Schule
und eine Straße in Freiburg nach dem Dichter benannt, die Gedenktafel an seiner letzten Wohnung, Mercystraße 2 angebracht und
der Reinhold Schneider Preis der Stadt Freiburg i. Br. gestiftet
wurden. Des weiteren Prof. Dr. Lothar Bossle, Prälat Alois Eckert
und der Maler Hans Günther van Look.

Im Vorraum zum Zimmer des Oberbürgermeisters, im Freiburger
Rathaus, steht der Schreibtisch König Friedrich Wilhelm IV. aus
dem Marmorpalais in Potsdam, ein Geschenk Kaiser Wilhelm
II. an den Dichter. Darüber das Porträt des Dichters von Leo von
König. – Beides Leihgaben von Frau Hildegard Bauer, der Nachlaß-
Verwalterin des Dichters, an die Stadt Freiburg i. Br.

Gedenktafel am Hause Mercystraße 2
»Der Wahrheit Stimme nur wird an die Herzen dringen
Und wirken wird das Wort nur, das gelebt.«

Reinhold Schneider-Ausstellung in den Oratorien des Domes
zu Salzburg, 1972, Sammlung Maria van Look

Sammlung Maria van Look, Freiburg, Ausstellung im Forum
am Josef-Haubrich-Hof in Köln aus Anlaß des Aschermittwochs
der Künstler, März 1973

Gastspiel der Bühnen der Stadt Essen im Kölner Schauspielhaus
zum Aschermittwoch der Künstler am 7. März 1973, 20 Uhr
Aufführung für die Reinhold Schneider-Gesellschaft im Opernhaus Essen am 10. März 1973, 19 Uhr

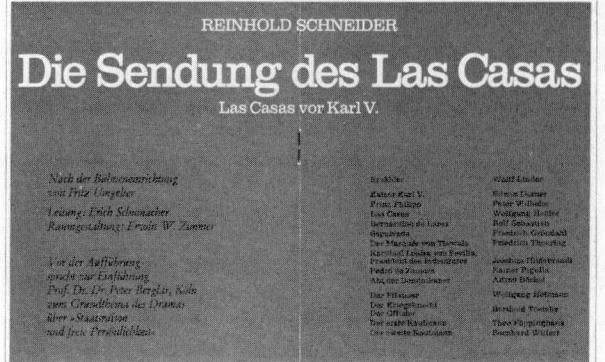

Die Sendung des Las Casas (Las Casas vor Karl V.), Programm der
Aufführung zum Aschermittwoch der Künstler in Köln am 7.
März 1973

Von Links: Prinz Philipp (Peter Wilhelm); Karl v. (Edwin Dorner); Pedro de Zamora (Rainer Pugillo); Sepulveda (Friedrich Gröndahl); Las Casas (Wolfgang Hessler); Kardinal von Sevilla (Joachim Hildebrandt).

Las Casas: Doktor Sepulveda, darin sind wir uns doch wohl einig: das Abendland hat keine andere Idee über die Meere zu tragen als die christliche, mag sie sich nun jenseits der Meere einpflanzen lassen oder nicht.

Sepulveda: Du glaubst wirklich, daß deine unzulänglichen Bestrebungen, der Macht einen neuen, anderen Sinn zu schenken, daß diese Bestrebungen der letzte Inhalt der Geschichte sind?

Las Casas: Ja. Denn in der Geschichte wird der Widerspruch zwischen Irdischem und Jenseitigem ausgetragen.

Sepulveda: Alle Mittel, die dem christlichen Staate dienen, sind dem Christentum förderlich. Die aus dem Meere tauchende Neue Welt wird christlich sein, wenn sie dem Zepter unseres kaiserlichen Herrn und seiner Erben rückhaltlos unterworfen ist.

Las Casas: Im Namen Gottes erkläre ich die Eroberungskriege in der Neuen Welt für rechtswidrig, tyrannisch und höllisch.

Sepulveda: Nichts ist ein größerer Greuel als Unordnung, niemand verderblicher als der Unruhestifter.

Las Casas: Verderblicher niemand, als der Lehrer des Rechts, der das Gewissen des Königs betäubt.

In der Katholischen Kirche in Petropolis (Brasilien) wurde auf Veranlassung des niederländischen Malers und Theologen van Dyck eine Gedenktafel angebracht.

»Das grandes procuras nascem os grandes encontres.«

»Aus dem großen Suchen werden die großen Begegnungen geboren.«

Das Bühler Friedenskreuz (aus Bruchstücken bzw. Trümmern von Kriegsbunkern hergestellt) wurde im Jahre 1952 errichtet als Gelöbniskreuz für Gefangene, als Sühnekreuz für begangene Frevel, als Mahnmal für die Gefangenen aller Nationen und als Bittkreuz für den Frieden der Welt. Der Sockel trägt folgende Inschrift: »Gott ist Liebe – God is love.«

Auf der einen der drei Gedenktafeln findet sich der Name des Dichters vereint mit den großen Vorkämpfern für Gewaltlosigkeit und Frieden.

STIMMEN ÜBER
REINHOLD SCHNEIDER

Ehe ich meine ausgedehnten Bemerkungen abschließe, muß ich noch kundtun, wie sehr ich hoffe und wünsche, daß zwei in hohem Maße anregende Bücher von Reinhold Schneider aus dem Deutschen in eine der iberischen Sprachen (Kastilisch oder Portugiesisch) übertragen werden mögen, nämlich *Das Leiden des Camões* und *Religion und Macht*, dieses mit König Philipp II. als Hauptgestalt. In beiden Büchern sind einige Seiten enthalten, die zum Schönsten zählen, das über das Portugal und das Kastilien des 16. Jahrhunderts und aller Zeiten geschrieben worden ist. In beiden wird der Grund jenes heilig-innerlichen Bürgerkrieges, der uns in der Geschichte Ewigkeit verleiht, aufgehellt und zum Leuchten gebracht.

Miguel de Unamuno

Man darf wohl nach reiflichem Erwägen aller Gesichtspunkte eindeutig aussprechen, daß der Schlüssel zu Reinhold Schneiders gesamtem Werk sein, wohl zweites oder drittes, Buch *Die Leiden des Camões* ist, das Epos von dem Dichter des gigantischen Völkergedichtes der *Lusiaden* aus dem 16. Jahrhundert, in dem das Abendland in der großen Glaubensspaltung auseinanderbrach. Ganz ein Dichter, ganz ein Historiker, ganz ein Deutscher, ganz ein Katholik – und das darf hier wohl mit allem Respekt gerade von protestantischer Seite betont werden – führt Reinhold Schneider, mag ihm nun diese Gesamtkonzeption bewußt sein oder nicht, zum ersten Male wieder ein gewaltiges Völkergedicht durch: ein Epos von der Macht und Ohnmacht, dem Glauben und Unglauben der Völker und ihrer Herrscher.

Jochen Klepper

Wer Tragik sagt, sagt notwendig auch Schuld, mit welcher Feststellung ich dann in die dritte Schicht Ihres Buches *Verhüll-*

ter Tag eingedrungen zu sein meine. Und weiter. Wer Schuld sagt, sagt notwendig Gericht, und da scheint es mir die Einmaligkeit Ihres Buches auszumachen, mit welcher Unbedingtheit, Härte und Unerbittlichkeit Sie selber sich diesem Gericht stellen. Sie selber und mit Ihnen Ihr Volk, die Völker, die Weltstunde, die Weltzeit. Der in Ihnen mit fast grausamer Strenge wirksame Zug zur äußersten Wahrhaftigkeit nötigte Sie, gewissermaßen stellvertretender Gerichtsherr in eigener Sache zu werden und so die von unserem Volk geradezu bejubelte Ver- und Zerbrecherherrschaft mit Worten zu ahnden, die wie aus einer geheimen Vollmacht gesprochen sind.

Leopold Ziegler

Schneider war demütig geblieben vor der Macht, die über uns steht, demütig vor den Großen des Abendlandes, deren Werke die Bücherwände seines Zimmers füllten, demütig auch vor den alten Bäumen, die im Garten hinter seinem Hause standen, demütig vor den Vögeln und den Eichhörnchen, die an sein Fenster kamen, um sich Körner aus seiner Hand zu holen. All diese großen und kleinen Dinge tauchen in seinen Briefen auf, so wie die Begegnungen auftauchen mit den Kräften und Mächten des Geistes, dessen Spuren hier auf Erden nachzugehen er nicht müde wurde. Er hatte nun auf der Höhe seines Lebens erfahren müssen, daß auch Vertreter der Kirche, deren Glauben er wahrhaft heldenhaft verteidigt hatte, sich gegen ihn wandten, weil er, seinem Gewissen folgend, in manchen Entscheidungen anders dachte als gewisse Kirchenfürsten und Moraltheologen. Ich höre noch, wie er erregt und bewegt von diesen Verwirrungen sprach, höre aber auch gleichzeitig, wie er mir vom Besuch Albert Schweitzers erzählte, der für ihn zu den wenigen Großen dieser Erde gehörte, die wahrhaft die Ehrfurcht vor dem Leben in die Mitte ihrer Arbeit und ihres Dienstes gestellt haben.

Otto Heuschele

Das Bild des Historikers und Dichters Reinhold Schneider vollendet sich aber erst, wenn er als Prophet in der Gegenwart gesehen wird. Es war in den dunklen letzten Jahren des Zweiten Weltkrieges, daß er durch seine Sonette und kleinen religiösen Schriften zum unerschrockenen geistigen Führer unseres Volkes wurde . . . Und Schneider bewahrte dieses Prophetentum für unser Volk auch in die Zeit der Spaltung Deutschlands hinein: als er, befeindet von West-Deutschland und Ost-Deutschland, seine Stimme erhob, um den drohenden Bruderkampf zu beschwören, unerschrocken auch dann, als die West-Berliner »Petrus-Blätter«, uneingedenk der Freundschaft ihres allzu früh verstorbenen Kardinals Konrad Preysing mit Reinhold Schneider, den unbequemen Propheten als Kommunisten anprangerten, dem die Exkommunikation gebühre – in merkwürdiger Parallele zur früheren Verfolgung Schneiders auf Leben und Tod durch die Gestapo. Als Reinhold Schneider nach diesen Verfolgungsjahren durch Gestapo und Katholiken den Orden »Pour le mérite« erhielt, und als würdiger Nachfolger Albert Schweitzers und Carl J. Burckhardts in der Frankfurter Paulskirche den Friedenspreis des Deutschen Buchhandels, war es wie eine symbolische Huldigung Deutschlands an seinen Propheten in finstrer Zeit.
Erich Przywara

Wie eigentlich kam der Erfolg des *Innozenz* zustande?
Tagebuch-Notizen des Regisseurs Prof. Heinz Dietrich Kenter
1944: Ich bin der Oberspielleiter Otto Falckenbergs an den Kammerspielen. Im brennenden München laufen Zettel von Hand zu Hand, Mut machend gegen den Mißbrauch der Macht, Verzweifelte tröstend, es sind Gedichte Reinhold Schneiders. Ich lese *Macht und Gnade*. Lerne sein Werk kennen.
1952: Der Philosoph Leopold Ziegler schickt mir, eben erschienen, *Innozenz und Franziskus*, eine dramatische Szenenfolge. Thema: der Mißbrauch der Macht und die Verwaltung der Ämter. Das ist das Thema unserer Zeit! Ich greife zu, will das

Stück inszenieren. Man warnt mich – es ist die Zeit des »Kalten Krieges«: R. Schneider habe die »Stockholmer Friedensadresse« unterschrieben – so sei er persona ingrata bei politischen und kirchlichen Behörden. Ich bin empört: 1944 ein Tröster verzweifelter Menschen – 1953 von Behörden unter Zensur? Jetzt will ich das Stück, eine Weltschau christlich-abendländischer Geschichte, erst recht auf der Bühne zur Diskussion stellen. Ich mache mich auf die Suche nach einem Theater.

1953: Ich werde der Oberspielleiter des Schauspiels in Essen. Mein erster Vorschlag (neben Brecht, Claudel, Euripides, Barlach): diese Uraufführung des *Innozenz*. Intendant Dr. Karl Bauer liest das Stück, stimmt zu. Auch der Kulturdezernent Dr. Heitmann. Ich beginne, aus 282 Druckseiten den geistigen Kern des Stückes herauszuarbeiten. 100 Seiten Text sind möglich für einen Theaterabend – mehr nicht. Skeptische Stimmen mehren sich. Trotzdem: ich beginne mit den Proben. Claus Clausen ist der Papst. Heinz Weiss der Franziskus. Der junge Raymund Maximilian Schell, am Beginn seiner Laufbahn. Das Bühnenbild von Friedhelm Strenger: ein geistig und politisch bestimmter Raum von faszinierender Leere. Wie im Traum sitzt wortlos R. Schneider bei den Proben im Parkett, »lernend«, wie er später schreiben wird.

1954: Der Traum wird Wirklichkeit. Auch politische Realität. Unerwartet, doch gezielt, und ohne zu wissen, wie er mich, den Regisseur, stützt, der ich das Abenteuer wage, rein geistige Dispute in kämpferisches Theater umzusetzen, geht in Gegenwart des Bundespräsidenten Dr. Theodor Heuss am 13. Februar *Innozenz und Franziskus* in die Uraufführung. Der Erfolg ist Sensation. 42 Aufführungen folgen.

1955: Es bildet sich in Essen der »Freundeskreis R. S.«, Paul und Leni Mahnert, auch Dr. Bauer führen ihn. Ich trete in den Hintergrund zurück. Meine Aufgabe: den Dichter R. Schneider, sein Ur-Christentum, auf dem Forum der Bühne zur Diskussion zu stellen, war erfüllt. Ich wandte mich meiner nächsten Aufgabe zu: der Inszenierung eines Werkes von Brecht, dem Ur-Sozialisten. Von mir besorgt nach der Zukunft befragt, antwortet R. Schneider: »Die Zukunft der Welt hängt ab von der Verwaltung der Ämter«. Die Worte könnten auch von Bert Brecht sein.

Erlenbach, 18. Dezember 1953

Um Ihre katholische Basis und Bindung sind Sie zu beneiden. Mir fehlt diese Geborgenheit, denn mein Protestantismus ist bloße Kultur, nicht Religion, und fast überrascht es mich, daß das Meine in Ihrem Leben, vom Frühesten bis zum Späten, die Rolle spielen konnte, die Sie andeuten. Es muß eben eine herzliche Liebe zum Guten, Wahren, Schönen aufkommen für den Glauben. Denn immerhin, seit den Josephsgeschichten, dem Faustus und dem Erwählten bekomme ich eine gewisse Anteilnahme in theologischer Sphäre für meine Arbeit zu spüren und habe nachgerade aufgehört, mich darüber zu wundern. Stände es so schlimm um mich, wie die garantiert transzendenten Holthusen meinen, so hätte kaum, kürzlich in Rom, Pius XII. meine Hand so lange in seiner gehalten. Ohne den leisesten inneren Widerstand beugte der Luther-Sproß, der übrigens Luther nicht recht leiden kann, das Knie vor der weißen Gestalt, tief gerührt, und hält diesen Augenblick in Ehren. Übrigens war von Luther, der Wartburg und der letztlichen Solidarität aller homines religiosi die Rede, die der Papst anerkannte. »Das ist alles nur eine Welt.« Ich werde Sie weiter lesen und mir Ihr Werk möglichst zu eigen machen.
Ihr
Thomas Mann

Für Reinhold Schneider
(zu seinem Geburtstage)

Der Anregung folge ich gerne, Ihnen, lieber Reinhold Schneider, mit ein paar Worten zu sagen, und so, daß es auch »die anderen« hören dürfen, daß ich den Schriftsteller seit Jahrzehnten verehre und dem Menschen herzlich zugetan bin.

Literarische Würdigungen in der Form von »Buchkritiken«, derlei habe ich in abgesunkenen Zeiten fleißig von mir gegeben, und so ist auch Ihr *Inselreich* dereinst von mir in einer »Rezension« behandelt worden, – es war meine erste Begegnung mit Ihrem Werk, und Sie haben mich später einmal sehr freundlich wissen lassen, daß die Auseinandersetzung, die ich versuchte, Ihnen nicht unwichtig gewesen sei.

So waren wir uns, vom »Metier« her, nicht fremd, als der Zufall uns an einem Frühsommertag des Jahres 1931 in Florenz zusammenbrachte. Doch blieb dies zunächst folgenlos. Aber der persönliche Eindruck beherrschte von da an die Erinnerung und er war gegenwärtig, wenn ich wieder ein Blatt, ein Buch aus Ihrer Feder vor mir hatte. Und daraus ist nun ein schönes respektvolles Vertrauensverhältnis geworden. Ich schreibe keine »Rezensionen« mehr, aber ich durfte Ihnen, von Mann zu Mann, von Brief zu Brief manchmal sagen, wie ich den Rang Ihrer Darstellungskraft bewundere, und wie gerührt oder ergriffen ich sehe, was Sie, mit herrlicher Siegeskraft über Leid und Beschwernis, in schöpferischer Freiheit gestalten.

Das möchte ich Ihnen zu Ihrem Geburtstag sagen dürfen.

Theodor Heuss

Mehr Denker als Dichter, mehr Dichter als Künstler, hat Reinhold Schneider gleichwohl Verse geschrieben, die zu den vollkommenen unserer Sprache gehören. Ich denke hierbei vornehmlich an die Sonette seiner Anfangszeit, in denen das persönliche Anliegen der schwermutsvollen dichterischen Seele noch nicht dem fast apostolisch anmutenden Dienst an einer Zeit-, Volks-, Glaubens- und Schuldgesamtheit zum Opfer gebracht ist . . . Er selber, in seiner ergreifenden Bescheidenheit, denkt von all seiner Dichtung gering. Er habe eine kleine, eingeschränkte, auf den Tag begrenzte Aufgabe, den Menschen dieser Gegenwart und Stunde habe er ein Wort zu sagen, hier, jetzt; dies ist der Tag des Heils, dies die Stunde der Gnade; was jenseits ihrer liegt, soll ihn nicht bekümmern. Und um der Stunde willen durchleuchtet er die Geschichte. Nicht, wie es zuvor seine Art war, daß ihn die dichterische Magie der Geschichte überwältigt hätte. Die Geschichte ist aus dem Hause der Menschen, ihres Glanzes und ihrer Verschuldung, das Haus Gottes geworden.

Werner Bergengruen

In dem weiten Raum deutscher Dichtungsgeschichte, wie er heute von den ersten christlichen Anfängen bis in die Gegenwart vor uns ausgebreitet liegt, wird man kaum eine Gestalt finden, die man auch nur vergleichsweise in eine nähere Beziehung zu jenem Typus des schöpferischen Geistes setzen dürfte, wie er heute unter uns in einzigartiger Weise durch Reinhold Schneider verwirklicht wird. Gewiß gehört es immer zum schöpferischen Genius, daß sich sein Wesen und Werk auf eine geheimnisvolle Weise jeder typisierenden Einordnung entzieht, aber um wieviel mehr bestätigt sich dieses Gesetz hier: Jenseits aller literarischen und geistesgeschichtlichen Strömungen, außerhalb aller Gruppen und Richtungen der Gegenwart und doch zugleich ihrer brennenden Not leidenschaftlich verpflichtet, steht das Werk Reinhold Schneiders in einer eigentümlichen Unberührbarkeit in der Zeit, wie ein Einbruch der Mächte von oben, ein einziges Zeugnis jener Wahrheit, die von oben, von Gott her gesetzt ist.

Horst Krüger

Reinhold Schneiders ganzes Sinnen umkreist das Geheimnis der Geschichte. Ihr Geheimnis; nicht ihren äußeren Ablauf, sondern ihren inwendigen, verborgenen Sinn. Reinhold Schneider ist ein Christ von glühendem Glauben: in diesem Glauben allein kann der Schlüssel zur innersten Herzkammer der Geschichte liegen. Während so viele Christen aller Zeiten ihr Christentum nur als einen individuellen Heilsweg verstehen, vielleicht seine eigentliche Kompetenz erst mit der Todesstunde beginnen lassen, während sie das profane Getriebe den weltlich-allzuweltlichen Mächten überlassen, die durch ihre Brutalität ja doch den Sieg davontragen werden, wagt es

Reinhold Schneider, die jenseitigen, übernatürlichen Kräfte der Gnade in das weltgeschichtliche Spiel selbst einzuführen und sie darin sichtbar zu machen.

Hans Urs von Balthasar

Was ich am meisten an Ihrem Werk bewundere, ist die Fähigkeit, vergangene Zeit unserer eigenen einzuordnen, nicht durch Lebendigmachen einstigen Lebens – obwohl Sie ja auch dieses meisterhaft verstehen –, sondern durch die Beziehung auf die letzte menschliche Bestimmung und ewige Berufung. So entläßt das scheinbar historisch Gebundene immer wieder gegenwärtige Bedeutung, das ferner Zeit Angehörige wird zeitlos, das längst Vergangene drängt, sich im Gegenwärtigen zu erfüllen – ja gerade in ihm: denn wurde die Entscheidung, um die es geht, je auswegloser gefordert als in der heutigen Weltstunde? Und doch wird sie, wenn ich Ihren Brief recht verstehe, wahrscheinlich wieder verfehlt werden, denn Sie sprechen in diesem Brief von »der Passion des Abendlandes«. Trotzdem habe ich bei allem, was Sie sagen, nicht den Eindruck der Karfreitagstimmung, sondern es ist Karsamstag – es ist bei Ihnen Trost im Untergang, Licht in der Nacht, Ziel und Sinn im scheinbaren Umsonst, Ankunft im Einst.

Gertrud v. Le Fort

Macht und Gnade: der Leser Reinhold Schneiders weiß, daß dies Korrelat aller Korrelate durch seine Schriften, die dichterischen wie die geschichtlichen hin, in immer neuen, durchaus persönlich erfaßten und gestalteten Abwandlungen das erste – man fühlt sich wie versucht zu sagen: das alleinige Wort hat. Er, der Leser, weiß auch oder spürt es doch zum mindesten, daß diese Thematik nicht Gegenstand willkürlicher Bevorzugungen, sondern eines Auftrages sei. So steht neben andern heiligen »Botschaftern an Christi Statt« auch dieser prophetische Bote seines Herrn auf dem einsamen Vorposten, auf dem seine Stimme zur »Stimme des Rufers in der Wüste« werden muß.

Rudolf Alexander Schröder

Begegnung mit Reinhold Schneider

Wir hatten für unsere erste Begegnung von Angesicht zu Angesicht den Gesprächsgegenstand vorher festgelegt . . . Unser Thema war – es muß im Sommer des Jahres 1951 gewesen sein – die Ost-West-Frage, genauer: die Waffenfrage, und es war uns von vornherein deutlich, daß wir unter den Worten, die wir benutzten, dasselbe verstanden . . .

In diesem Morgengespräch konnte man erfahren, wieviel Kraft einem Menschen innewohnt, der nichts für sich will, der sich selbst als nichts anderes versteht denn als ein Organ – als Organ des Heiligen Geistes. Es gab einen höchst erregenden Augenblick in unserm Gespräch. »Es käme auf den Versuch an«, so sagte er, als unser Gespräch auf die Wehrkraft der Wehrlosigkeit gekommen war, »eben dies den östlichen Machthabern« – und das war damals noch Stalin! – »in der Sprache zu sagen, in der sie es hören könnten – das heißt aber: es käme auf den Christen an, der das sagen kann und dem nun keine, gar keine Interessen auf die Stirne geschrieben stehen, der gar nichts will als dieses eine: dieses Wort ausrichten.« Und dann – nach einer Pause: »Ich würde morgen fahren.«

Albrecht Goes

Nur wer blind ist oder es aus Bequemlichkeit sein will, kann übersehen, daß die Drohung des Totalitären eine Frage unserer Stunde ist. Und insofern ist dies eine Stunde des Gewissens. Deshalb gehen uns die Männer, die damals im Gehorsam gegen das Gewissen bei der Freiheit des Gewissens gegen die totalitäre »Befreiung« ausgehalten haben, heute wieder ganz neu etwas an . . . Reinhold Schneider hat in seiner *Las Casas*-Dichtung das Geheimnis des Gewissens eindrucksmächtig dargestellt in dem namenlosen Mädchen von den Lucayos, das den gewissenlosen spanischen Glücksritter Bernardino langsam wieder das Geheimnis des Leidens verstehen ließ und im Mitleidenwerden die erstorbene Seele wieder in ihm erweckte . . . Wir brauchen die Menschen, die demonstrativ bei dem armen, zerbrechlichen Mädchen *»Gewissen«* aushalten, die die

Macht der Ohnmacht verkörpern und gegen die Vernutzung des Menschen nicht anders protestieren, als indem sie das Leid des geschundenen Wesens Mensch mit-leiden, sich auf die Seite des Leidens stellen. Deshalb waren die Sonette Reinhold Schneiders, war »*Lyrik*« eine Macht, die die Diktatoren als eine Waffe fürchteten, vor der sie zittern mußten. Schneider hat vom Gewissen her unter dem Mißbrauch der Macht gelitten. Leiden um des Gewissens willen ist geradezu die Formel seiner Existenz.

Joseph Kardinal Ratzinger

Reinhold Schneider hat in einer seltenen und ganz eigenständigen Verzahnung von historischem Verständnis und literarischer Verlebendigung, in einer manchmal geradezu charismatischen Einheit von Erkenntnis und Einfühlung, das zentrale Problem der Geschichte, das »Idee und Wirklichkeit« heißt, zur Anschauung gebracht. Zur Anschauung – nicht zur Auflösung. Das Christentum, dessen literarischer und weithin auch menschlicher Exponent Schneider in einer dramatischen Epoche der Bedrohung gewesen ist, unterscheidet sich von Ideologien dadurch, daß es die Unaufhebbarkeit der dem Dasein eignenden Antinomien als ein Kriterium der Welt hinnimmt. Aus der Hinnahme, mehr: der Erfahrung des mit menschlichen Mitteln und innerweltlich Unabänderlichen fließt die Erlösungssehnsucht. In sie mündet alle Geschichtsbetrachtung Schneiders ein. Der Historiker in ihm gibt dem Dichter in ihm die Themen; der Dichter in ihm gibt dem Historiker in ihm das Instrumentarium, mit dem sie zum Klingen gebracht werden.

Professor Dr. Dr. Peter Berglar

Wir dürfen unsere Überlegungen zu dem, was Europa als unsere Aufgabe für uns bedeutet, zusammenfassen. Reinhold Schneider hat einmal »Europa als Lebensform« charakterisiert, was nicht im Sinne der von Golo Mann gemeinten »Existenzform« zu verstehen ist, denn Reinhold Schneider denkt dabei an die Vereinigung der Kontraste von Macht und Gnade, von

Gebundenheit und Freiheit, von Glaube und Unglaube, die den europäischen Menschen geprägt haben und auch für die Zukunft prägen werden. Wir stimmen einer solchen Definition des Phänomens Europa als einer den Menschen immer wieder neu ergreifenden und bewegenden, sich unter Spannungen und Gegensätzlichkeiten vollziehenden Lebensweise durchaus zu.

Professor Dr. Dr. Peter Meinhold

Reinhold Schneider liebte das Wort Erbe. Er gab unmittelbar nach dem Zusammenbruch Deutschlands ein lichtvolles Büchlein unter dem Titel *Erbe im Feuer* heraus mit der Mahnung an die Überlebenden, »sich zu wandeln als Verwalter des Erbes«. Später ließ er ihm noch eine Publikation unter der Überschrift *Erbe und Freiheit* folgen, die wiederum die Frage nach dem Erbe inmitten der zusammenstürzenden Zeiterscheinungen an uns richtet. Immer ist wieder vom Erbe die Rede, das uns auferlegt ist, »einfach zu wiederholen«. Es gibt auch ein Erbe Reinhold Schneiders, dessen verpflichtenden Charakter ich zum Abschluß geradezu heraufbeschwören möchte . . . Im Bereich des Geistigen gibt es ein Dauerndes im Wechsel der Zeit, von dem wir keinen Schritt abweichen, und wir stellen uns eher die Frage, ob wir innerlich stark genug sind, die Last des Erbes zu tragen . . .

Professor Dr. Walter Nigg

Fast noch erschütternder war für Schneider zuletzt der kosmische Aspekt der Naturwissenschaft. Das antik-mittelalterliche, von der christlichen Kirche bewahrte Bild der Welt als eines zweckvoll geordneten Hauses korreliert der Vorstellung eines fürsorglichen Schöpfer- und Vatergottes, zerbrach ihm mit dem Blick in die Weiten des Kosmos und die Schrecken des Kampfs ums Dasein. Im sechsten Lebensjahrzehnt leistete Reinhold Schneider die Wandlung, ein moderner Mensch zu werden. Diese Wandlung war für ihn schwer, weil er all das wußte und festhielt, was das moderne Bewußtsein in seiner oberflächlichen Form vergißt, d. h. verdrängt. Er wußte, daß es für den Menschen keine Erlösung gibt, wenn er nicht seine persönliche Schuld als seine eigene Schuld bewußt auf sich nimmt. Wie beides zusammen zu denken sei, wußte er nicht mehr. Er sah nun die beiden Gesichter Gottes, des Erhalters und des Zerstörers, wie sie die Inder sehen. In diesem Anblick, den er nicht auflösen konnte, ist er gestorben.

Professor Dr. Carl Friedrich von Weizsäcker

Reinhold Schneider gelangte, ahnend sich vortastend, zum möglichen naturwissenschaftlichen Verständnis einer christlich-kosmischen Mystik. Wieso? Dem verborgenen Plan gerecht zu werden, war sein Bemühen; damit aber wurde er selber Wirkkraft im moralisch geistigen Bereich; er steuerte also im geistigen Kräftehaushalt menschlicher Existenz schlechthin zum Kapital des Ordnenden bei, das unaufhörlich das Gute schafft, obschon die Zerfallsprozesse allgemein sichtbar das Bild der Zeit zu bestimmen scheinen. Das geschlossene System des Menschheitskörpers erhält sich demnach weiter durch physikalisch-biologische und geistige Regler, durch Existenzen also, die bewußt, stellvertretend innerhalb der menschlichen Gemeinschaft, Leid und Tod, gegen die allgemeine Tendenz zum Übel, auf sich nehmen . . . Wer in solchen Systemkreisen weiterdenkt, vom physikalischen zum biologischen, von da zum geistig-metaphysischen aufsteigend, gelangt, wie Schneider, wiederum zur Frage nach dem Kosmos und damit zum Gesamt-Zusammenhang des Kosmisch-Kreatürlichen, dessen absoluter Regler, damit Leben weiterwirkt, das Wort Gottes im mystischen Leib sein muß: das fortwirkende Schöpfungswort, der Logos.

Josef Rast

Reinhold Schneider, diese einmalige politische Existenz unter den katholischen Männern des Wortes im deutschen Raum, hat früh die wahre Alternative des Denkens erfahren: daß es entweder Schlechtdenken vom Nächsten und damit Schlechtermachen des Nächsten oder Mitdenken, Besserdenken, Mitleiden ist. In einem strengen, ganz unsentimentalen Sinn ist Schneider der Denker des Mitleidens, das seit Jahrhunderten von Philosophen denunziert, von Theologen in das Privatissimum des Gemüts abgeschoben wurde. Er setzt das Mit-Leid wieder in jene Funktion ein, ohne die eine societas humana im christlichen Sinn undenkbar ist.

Friedrich Heer

ZEITTAFEL

1903 13. Mai: Reinhold Schneider (RS) in Baden-Baden geboren als zweiter Sohn des Hoteliers *Wilhelm Schneider* (20.6.
1867 – 8.4.1922) und der *Louise Wilhelma Augusta, geb.
Messmer* (9.5.1879–31.10.1955). Der Vater, evangelisch,
stammt aus Colmnitz im Erzgebirge, die Mutter, katholisch,
aus der Meersburger Gegend am Bodensee. Der weltbe-
rühmte Arzt und Entdecker magnetischer Heilkräfte, Franz
Anton Messmer, gehört zu ihren Vorfahren. Ihr Vater *Wilhelm Messmer (1835-1901)* hat in Baden-Baden das Hotel
Messmer erbaut, darin Reinhold mit seinem älteren Bruder
Wilhelm Rudolf Schneider (1900-1973) aufwächst.

1909 Schulbeginn. Mit seinem Bruder Willy drei Jahre lang auf
einer Privatschule. Sie wurden katholisch getauft und erzogen.

1912 Eintritt in die Oberrealschule (mit Latein) in Baden-Baden.

1915/16 Die ersten Gedichte entstehen.

1921 17. März: Abitur. RS wagt es nicht, ein Studium zu
beginnen. Er beginnt ein Landwirtschaftliches Praktikum
bei der Gräflich Douglas'schen Gutsverwaltung Schloß Langenstein am Bodensee (April-Oktober). Lyrische und dramatische Versuche. Im Spätherbst unvermittelte Rückkehr
zu den Eltern, dann Fahrt nach Dresden zu Willy, der im
Hotel ›Europahof‹ arbeitet.

1921/23 Kaufmännische Ausbildung. Danach (1.12.1923-
30.6.1928) kfm. Angestellter bei der gleichen Firma (Druckerei Stengel & Co.) in Dresden. RS ist in der Geschäfts-
korrespondenz und als Übersetzer tätig.

1922 8. April: Tod des Vaters. Er hatte das Hotel in der
Nachkriegszeit verkauft und das Vermögen durch die Infla-
tion verloren. Reinhold selber erfährt Depressionen und
einen seelischen Zusammenbruch. Selbstmordversuch. Danach wohnt Reinhold wie sein Bruder als Untermieter bei
Fräulein *Anna Maria Baumgarten* (20.4.1881-22.8.1960).

Freundschaftsbund der Brüder mit Anna Maria, die Reinhold fortan umsorgt, ihm später (in Freiburg) den Haushalt führt und ihn auf vielen Reisen begleitet. RS nennt sie im Testament von 1957 »Gefährtin meines Lebens«.

1921-28 Ausgedehnte Sprachstudien: Spanisch, Portugiesisch, Englisch, Französisch, Italienisch. Seit früher Jugend ein leidenschaftlicher Leser, entdeckt er jetzt die Welt des Geistes, der Dichtung und der Philosophie neu: Schopenhauer, Nietzsche, Kant, Kierkegaard, Shakespeare, Hauptmann, Whitman, Plato, die griechischen Tragiker. Entscheidende Anregungen durch Unamuno. 1926 lenkt der Coimbra-Aufsatz Unamunos RS auf das »portugiesische Problem«. Er erahnt die Landschaft seiner Seele.

1928 Ende Juni gibt RS die kfm. Stelle auf. Er wagt den Schritt, freier Schriftsteller zu werden. Mitte Juli wieder in Baden-Baden. Er versteht sich gut mit seinem Stiefvater, dem Arzt Dr. *Joseph Ludwig Mayer* (1872-1955). Am 3. August Schiffsfahrt nach Portugal. In Cascais und Coimbra. Im Herbst nach Spanien: Escorial, Ávila. Konzeption von *Philipp II.*. In Portugal entstehen Reise- und geschichtliche Essays, Erzählungen, Sonette, Dramenentwürfe: *Portugal* (1931), *Das Erdbeben* (1932).

1928/29 Im Winter (in Cascais) Arbeit an *Das Leiden des Camões* (1930). *Friedrich Schnack* (1888-1977) empfiehlt das Buch dem Verleger *Jakob Hegner* (1882-1962) in Hellerau bei Dresden, der zu Schneiders erstem Verleger wird.

1929 Am 18. Februar Abreise aus Portugal über Gibraltar, Tanger, Genua und Norditalien zurück nach Deutschland. Reise mit Willy ins Erzgebirge, nach Prag, Salzburg, Zürich und Leipzig. Im August entsteht der bisher nicht veröffentlichte Kurzroman *Zwischenspiel in Beerreuth*.

1929/32 RS lebt (ab Ende Mai 1929) in Loschwitz bei Dresden. Er obliegt privaten geschichtlichen, literarischen und philosophischen Studien in München, Göttingen, Heidelberg und Berlin oder befindet sich auf Reisen. Beginn der Mitarbeit in Zeitungen (Dresdener Anzeiger, Berliner Börsen-Zeitung,

Berliner Tageblatt, Der Tag/Berlin usw.), die, zusammen mit den Rundfunkarbeiten, dem Dichter eine bescheidene Existenz sichert.

1930 Reisen in Deutschland, im Frühling in die Provence, nach Palma de Mallorca und Madrid (20. Mai), wo RS an *Philipp II.* arbeitet. Portugalreise. Vertiefung in die spanische Mystik (Teresa von Ávila, Johannes vom Kreuz, Ignatius von Loyola). Im Herbst nach Paris (29. September), Fontainebleau und Chartres. In Paris Beendigung von *Philipp II. oder Religion und Macht* (1931).

1931 Januar/März: in München. »Winterreise« (Jena, Weimar, Gotha, Coburg, Bamberg, Eisenach). 20. März: Italienreise (Florenz, Rom, Palermo, Sizilien). Konzeption von *Innozenz der Dritte* (Niederschrift im Juni. Aus dem Nachlaß von Josef Rast 1960 veröffentlicht). Am 1. Juni aus Italien zurück. Juli/Oktober: In Göttingen, Reisen in Deutschland. Im November Übersiedlung nach Berlin.

1932 Seit Ende September 1931 Fichte-Studien. Niederschrift im Winter, Drucklegung im Frühling: *Fichte. Der Weg zur Nation.* Seit Mitte Juni: Studium der Hohenzollerngeschichte. Gestaltung der Tragik von Preußentum und Krone, Bekenntnis zur Monarchie.

1932/37 RS wohnt in Potsdam.

1933 Am 5. März sind *Die Hohenzollern* beendigt, im August gedruckt, bald aber vom neuen Regime unterdrückt. Erste Verbindung mit Anton und Katharina Kippenberg vom Insel-Verlag, Leipzig: *Auf Wegen deutscher Geschichte* (1934). Mitarbeit in »Weiße Blätter« (vor 1935: »Monarchie«). – Auseinandersetzung mit dem Nationalsozialismus. Das Leid in Gefängnissen und Konzentrationslagern geht ihm »nicht mehr von der Seele«. Literarische Bewältigung u. a. in *Der Tröster* (Nov. 1933).

1934 Erste Englandreise (Sept.) Konzeption des England-Buches *Das Inselreich* (1936). Freundschaft mit dem Maler *Leo von König* (1877-1944) und dem Schriftsteller *Jochen Klepper* (1903-1942).

1935 Ende Januar: Beginn der Arbeit am *Inselreich*. Im März zweite Englandreise. Auf der Rückreise Besuch bei Wilhelm II. in Doorn. – RS lernt in diesen Potsdamer Jahren die Schriftsteller Wilhelm von Scholz, Otto von Taube, Friedrich Schmidt-Noerr, Werner Bergengruen, Rudolf Alexander Schröder, Otto Heuschele, Gerhart Hauptmann, August Winnig, Leopold Ziegler und weitere Geistesmänner kennen, u. a. Karl Ludwig zu Guttenberg, die Grafen Moltke, York von Wartenburg und Luckner, Harald von Koenigswald, Bischof Preysing und Pater Georg von Sachsen.

1936 Ende Mai: Italienfahrt (Rom, Florenz): »Allein den Betern kann es noch gelingen«, sein bekanntestes Sonett, entsteht. Arbeit an *Kaiser Lothars Krone* (1937). Im September erscheint im Insel-Verlag *Das Inselreich,* hat raschen Erfolg, wird aber vor Jahresende unterdrückt.

1937 Nach dem *Inselreich* Plan eines Rußland-Buches, der, wie andere Pläne, nicht verwirklicht wird, doch »Trümmer« zurückläßt: Erzählungen wie *Elisabeth Tarakanow* (1939) und *Taganrog* (1946). Unter dem Druck der Zeitereignisse und der inneren Entwicklung Rückkehr zur Kirche. Im Sommer Schwarzwald-Fahrt. Entschluß, in die badische Heimat zurückzukehren. Im Oktober Wegzug von Potsdam, Einzug in Hinterzarten.
Studium des Lebens von Las Casas.

1938 *Las Casas vor Karl v.* als verhüllter Protest gegen die Judenverfolgungen. Über Ostern schwere Erkrankung, heftiges Fieber, körperlicher Zusammenbruch. Seither kränklich. Am 1. April Übersiedlung nach Freiburg i. Br., wo der Dichter (mit Unterbrechungen) bis zu seinem Tode in der Mercystraße 2 wohnt. Mai/Juni: In Italien.

1939 Dezember/Februar in Paris: Studium der französischen Tragödie: *Corneilles Ethos* . . . Ahnung kommender Katastrophen in der Erzählung *Vor dem Grauen* (1939). Im Mai kurze Italienfahrt, auf der er Theodor Heuss und Friedrich von Falkenhausen kennenlernt. August: Begegnung mit Ernst Wiechert. Nach Kriegsausbruch Aufgabe der Freiburger Wohnung. Im Spätherbst und Winter bei Leo von König in Berlin-Charlottenburg. *Theresia von Spanien.*

1940 Im Frühjahr Kuraufenthalt in Dresden-Loschwitz. *Macht und Gnade.* Wieder in Freiburg und Berlin. Literarische Essays.

1941 Im März in Italien. Audienz bei Papst Pius XII. Im Juni Neubezug der Freiburger Wohnung. Entziehung der Druckerlaubnis.

1941/45 Veröffentlichungen im Alsatia-Verlag zu Kolmar. Religiöse Kleinschriften von gewaltiger Verbreitung und Tiefenwirkung im Heer und in der Heimat, u. a. *Das Vaterunser* (1941), *Der Kreuzweg* (1942). Religiös-seelsorgliches Wirken durch die Sonette, Aufsätze und ausgedehnte Korrespondenz. Ungezählte private Vervielfältigungen und Abschriften. Dichteressays, Erzählungen. Der Sammelband *Das Gottesreich in der Zeit* (um 1942) wurde noch im April 1945 Anlaß zur Anklage auf Hochverrat. Früher schon Hausdurchsuchungen und Vernehmungen. – Die Krankheit macht sich mehr und mehr bemerkbar.

1943/44 Von März bis Mai im Loretto-Krankenhaus, ebenso vom Dezember 1944 bis Februar 1945. Schwerer Luftangriff auf Freiburg am 27. November 1944.

1945/46 Nach dem Krieg mutiges Weiterführen seines religiös-ethischen Wirkens in Schrift, in Vorträgen und am Rundfunk. Kleinschriften in großer Zahl, besonders bei Herder in Freiburg. Sammelbände: *Und Petrus stieg aus dem Schiff*, *Gedanken des Friedens*, *Das Erbe im Feuer* u. a. Sein Wort erreicht vor allem auch die Kriegsgefangenen im In- und Ausland. Hohe Ehrungen: 5. September 1946: Dr. phil. h. c. der Universität Freiburg i. Br., 25. September: Dr. jur. h. c. der Universität Münster.

1947 *Herz am Erdensaume* im Kerle-Verlag, einziger Gedichtband des Dichters außerhalb der Sonettform. 1947/50 15 Bändchen der *Abendländischen Bücherei* bei Herder, herausgeben und eingeleitet von RS.

1948 Am 24. Mai erhält RS zusammen mit Gertrud von Le Fort

anläßlich des 100. Todestages Annette von Droste-Hüls-
hoffs einen Gedenkpreis der Badischen Landesregierung. An
Weihnachten Reise in die Schweiz.

1949/52 Periode der dramatischen Dichtungen. Das Drama als
»Abrechnung mit mir selbst, mit Welt und Geschichte«. Ein
neues Selbstverständnis als Schriftsteller und Christ, auch
innerhalb der Kirche, bahnt sich an. Politische Veröffentlichungen.

1949 Am 25. August: Ordentliches Mitglied der Akademie der
Wissenschaften und der Literatur in Mainz. 3. September:
Preis der Longfellow-Gemeinschaft.

1950 Verschlechterung der Gesundheit. RS verläßt Freiburg
zwei Jahre lang nicht mehr. *Der große Verzicht* (Erster Preis
der Bregenzer Festspiele 1957, Uraufführung 1958).

1951 Starke Bedrängnis des Dichters , der sich aus christlichem
Gewissen gegen die Wiederbewaffnung Deutschlands, die
atomare Aufrüstung und für Gewaltlosigkeit einsetzt. Drei
Beiträge im »Aufbau«/Ostberlin werden mißverstanden
und führen zum ›Fall RS‹. – Am 27. April: Ordentliches
Mitglied der Bayerischen Akademie der Schönen Künste.

1952 *Innozenz und Franziskus* (Uraufführung in Essen 1954).
9. Oktober: Ritter des Ordens ›Pour le mérite‹ Friedens-
klasse.

1953 Bei Hegner erscheinen die *Ausgewählten Werke* in 4 Bänden sowie die erste umfassende Darstellung und Deutung
des Werks: Hans Urs von Balthasar: *RS. Sein Weg und sein
Werk.*

1954 Trotz geschwächter Gesundheit umfangreiche Vortrags-
und Schreibtätigkeit. Naturwissenschaftliche Studien.
Selbst- und Zeitdarstellung *Verhüllter Tag, Die Sonette von
Leben und Zeit, dem Glauben und der Geschichte.*

1955 22. September: Berufung als ordentliches Mitglied der
Akademie der Künste/Berlin, Abt. Dichtung. Nordlandreise (Dänemark, Finnland, Schweden, Norwegen).
31. Oktober: Tod der Mutter. Zwiegespräch mit G. Benn in
Köln: ›Soll die Dichtung das Leben bessern?‹

1956 Dezember/Februar 1956 in Portugal. Vorträge, auch in Spanien, seit März wieder in Deutschland. Zweite Nordlandreise. 23. September: Übergabe des Friedenspreises des Deutschen Buchhandels in Frankfurt a. M. Rede: ›Der Friede der Welt‹ mit großer Breitenwirkung.

1956/57 Den Winter verbringt RS in Baden-Baden, wo er den Abbruch seines Vaterhauses, des Hotels Messmer, miterlebt und in *Der Balkon* (1957) festhält.

1957 Im Frühling Flug nach Rom und Lissabon (Vorträge). Preisträger der Bregenzer Festspiele (für *Der große Verzicht,* 1950).

1957/58 Vom 5. November bis 6. März in Wien. Tagebuch *Winter in Wien* (1958).

1958 Seit 7. März wieder in Freiburg. 6. April (Ostersonntag): RS stirbt im Loretto-Krankenhaus zu Freiburg, nachdem er am Karsamstag Nachmittag auf der Straße gestürzt ist. Am 10. April Beerdigung auf dem Friedhof in Baden-Baden.

1970 10. Dezember: Gründung der Reinhold-Schneider-Gesellschaft e. V. Freiburg i. Br.

Bruno Stephan Scherer

BIBLIOGRAPHIE

BRUNO STEPHAN SCHERER

REINHOLD SCHNEIDER – AUSWAHL-BIBLIOGRAPHIE

VORBEMERKUNG

Dieses Verzeichnis bietet eine Übersicht über die im Druck erschienenen Bücher und Einzelschriften Reinhold Schneiders und der Literatur über ihn. Im Werkverzeichnis werden die Beiträge in Sammelbänden, Zeitschriften und Zeitungen weggelassen. Das gilt auch für das Verzeichnis der Sekundärliteratur, mit Ausnahme des Zeitraums Januar 1973 bis März 1977. Werk- und Literaturverzeichnis beruhen auf der Reinhold-Schneider-Bibliographie in Franz A. Schmitt/B. S. Scherer (Hrsg.), *Reinhold Schneider. Leben und Werk in Dokumenten,* Karlsruhe: Badenia ²1973, 279-387 (=RSB). Auf diese Bibliographie, die bis Januar 1973 reicht, wird häufig verwiesen, besonders im Verzeichnis der Sekundärliteratur, wo das unselbständig Erschienene (Aufsätze in Zeitschriften und Sammelwerken, nicht aber in Zeitungen) aus den letzten vier Jahren aufgenommen wird. Die vorliegende Auswahl-Bibliographie ergänzt also RSB für die Zeit von Januar 1973 bis März 1977. Für die Beiträge in RSG mußte ein verkürztes Verfahren getroffen werden.

Wie RSB (vgl. dort S. 279f.) folgt dieses Verzeichnis der Gliederung nach Sachgebieten und der alphabetischen Reihenfolge der Titel, wobei die Ordnung der gegebenen Wortfolge berücksichtigt wird. Nach den Titeln im Werkverzeichnis folgen häufig in Klammern Ergänzungen: z. B. eine Gattungsbestimmung und gleich danach das Datum der Fertigstellung der betreffenden Arbeit, wie es dem Manuskript des Dichters zu entnehmen war. – Es ist durchaus möglich, daß mir Veröffentlichungen über Reinhold Schneider (vor allem dieser letzten vier Jahre) entgangen sind. Für Ergänzungen und Korrekturen (bitte an den Verlag zu richten) bin ich dankbar. Einen herzlichen Dank für bibliographische Hilfe spreche ich Herrn Eberhard Fricker und der Badischen Landesbibliothek Karlsruhe aus.

Zürich, Ende September 1977   Bruno Stephan Scherer

ABKÜRZUNGEN UND SIGEL

Bln	Berlin
Erz(n)	Erzählung(en)
Fbg	Freiburg i. Br.
Ffm	Frankfurt a. M.
Hbg	Hamburg
Hdbg	Heidelberg
Khe	Karlsruhe
Lpz.	Leipzig
Masch.-Schr.	Maschinenschrift
Mchn	München
P	RS: Pfeiler im Strom, 1958
Pdbrn	Paderborn
Rgsb.	Regensburg
RS	Reinold Schneider
RSB	RS-Bibliographie in: Franz A. Schmitt/B.S. Scherer (Hrsg.), *R.S. Leben u. Werk in Dokumenten.* Khe: Badenia ²1973, 279-387
RSG	(Hefte der) RS-Gesellschaft, Hbg. (Seit Sommer 1971: Mitteilungen.)
SR	Schweizer Rundschau/Solothurn
Stgt	Stuttgart
u. d. Tit.	unter dem Titel
Zch	Zürich

und andere gebräuchliche Abkürzungen (siehe RSB 282-284)

I. DAS WERK VON REINHOLD SCHNEIDER

1. Auswahl aus dem Gesamtwerk

(Ausgewählte Werke in 4 Bdn.) Köln u. Olten: Hegner 1953
(Bd 1:) *Das getilgte Antlitz.* (Erzn.) 282 S.
(Bd 2:) *Der fünfte Kelch.* (Erzn.) 290 S. Nachw. (289 f/21.7.52)
(Bd 3:) *Über Dichter u. Dichtung.* (Literar. Essays.) 347 S. Nachw. (345-347/27.7.52). [2]1958. 352 S.
(Bd 4:) *Herrscher und Heilige.* (Essays.) 293 S. Nachw. (291-293/ 11.7.52). [2]1958. 298 S.
Gesammelte Werke in 10 Bänden. Hrsg. im Auftrag der Reinhold-Schneider-Gesellschaft e. V. Freiburg i. Br. v. E. M. Landau unter Mitarbeit v. P. Berglar, E. Blattmann, A. Hämmerle, P. Meier, R. Meile, J. Rast, B. S. Scherer, R. Vonessen. Ffm: Insel 1977: »Camões und Philipp II.«, »Schwert und Friede«, 1978: »Gewissen im Gerichte«, »Das Unzerstörbare«, »Die Zeit in uns:«, »Verhüllter Tag« u. »Winter in Wien«, 1979-80: 5 weitere Bände.
Anthologie. Worte d. Besinnung aus d. Werk v. RS. (Hrsg. v. M. Schnell.) Mchn.: Schnell & Steiner 1948. 159 S.
Hall und Widerhall. Eine Auswahl. (38 Zitate.) Bes. v. H.-M. Dahlmann. Geschr. v. K. Wolff. Wuppertal: E. Müller 1967. 1 Bl., 38 S.
Das Heilige in der Geschichte. Eine Auswahl. Hdbg: Kerle 1947. 95 S.
Stimme des Abendlandes. Reflexionen z. abendländ. Geschichte. (Auswahl aus d. Werk RSs.) Kolmar: Alsatia (1944) 151 S.
Worte aus der Tiefe. Ausw. u. Einl. v. C. Winterhalter. Fbg: Herder 1976. 127 S.

2. Autobiographisches

Der Balkon. Aufzeichnungen eines Müßiggängers in Baden-Baden. Mit 15 Abb. Wiesb.: Insel 1957. 182 S. [2]1959
*Die ewige Krone. (*2.5.53) Olten: Vereinigung Oltner Bücherfreunde 1954. 71 S.
Selbstporträt und autobiographische Notizen. Aus meinen Tagebüchern. In: Franz A. Schmitt/Bruno Scherer: *RS. Leben u. Werk in Dokumenten.* Karlsruhe: Badenia [2]1973, 26-38,238-245.
Verhüllter Tag. (Lebensbericht/29.12.53) Köln u. Olten: Hegner 1954. 229 S. [2]1954. [3]1955. 4. Aufl.: Sonderausg. »Die Bücher der Neunzehn«. Bd 25. 1956. 234 S. (Mit: Kleine Tischrede v. W. Bergengruen auf RS.) [5]1957. [6]1962. Fbg-Basel-Wien: Herder 1959. 188 S. (Herder-Bücherei. 42) [2]1960. [3]1961
Winter in Wien. Aus meinen Notizbüchern 1957/58. Mit d. Grabrede v. W. Bergengruen, 6 Zeichn. v. H. Fronius, e. Porträtaufn. sowie e. Wiedergabe d. Totenmaske d. Dichters. Fbg: Herder 1958. 300 S. – Dass. Wien: Herder 1958. [2]1958. Dass. Wien: Herder. [3]1959. Dass.

Wien: Herder. – ⁴1959. Dass. Wien: Herder. – ⁵1960 Basel-Fbg-
Wien. – ⁶1961 Fbg-Basel-Wien. Dass. ⁷1962. ⁸1964 (ausg. 1965).
⁹1973

Winter in Wien. Aus meinen Notizbüchern 1957-58. Mit d. Totenmaske d.
Dichters sowie d. Grabrede v. W. Bergengruen u. e. Nachw. v. K.
Pfleger. Fbg-Basel-Wien: Herder 1963. 283 S. (Herder-Bücherei.
142.)

3. Lyrik

Apokalypse. Sonette. Baden-B.: Bühler 1946. 39 S.

Ave crux spes unica. (3 Sonette u. 3 Holzschnitte v. A. Dürer.) Mchn:
Schnell & Steiner (1946). 4 Bl.

Erscheinung des Herrn. Sonette. Waibstadt b. Hdbg: Kemper 1946. 36 S.

Gnade der Zeit. Acht Sonette. Geschrieben v. A. Riedel. Fbg-Bln-Düs-
seld.: Christophorus 1947. 8 Bl.

Herz am Erdensaume. Gedichte. Hdbg: Kerle 1947. 59 S.

Jetzt ist des Heiligen Zeit. (65 Sonette.) Kolmar: Alsatia 1943. 76 S.

Die letzten Tage. (Sonette.) Baden-B.: Bühler 1945. 41 S. ²1946. 47 S.
(M. e. Nachw. d. Verlags.) – Kriegsgefangenenausg. f. Frankreich:
1946. 31 S. – Liz. Ausg.: Recklinghausen: Paulus-Verl. 1946. 47 S. –
Zch: Arche 1945. 47 S. (Die kl. Bücher d. Arche 4.)

Die neuen Türme. Ausgewählte Sonette. Wiesb.: Insel 1946. 54.S. ²1947

Sonette. Lpz.: Insel 1939. 63 S. ²1940. 1941. 63 S.

Die Sonette von Leben u. Zeit, dem Glauben u. der Geschichte. (Vorw. v.
H. v. Koenigswald) Köln u. Olten: Hegner 1954. 239 S. 1954

Dreißig Sonette. Halle a. d. S.: Werkstätten d. Stadt Halle. Burg
Giebichenstein (1941) 30 S. (Privatdruck.)

Stern der Zeit. Sonette. Krefeld: Scherpe 1948. 97 S.

Die Waffen des Lichts. (Sonette.) Kolmar: Alsatia (um 1943). 46 S.

4. Epik

Der Abschied. Der Überwinder. Zwei Erzn. Mchn: Schnell & Steiner
1948. 103 S.

Der Abschied der Frau von Chantal. (Erz. 7.12.40). Kolmar: Alsatia 1941.
36 S. Feldpostausg. 1941 (=1944). 40 S. (Mit e. Nachbemerkung.)

Das Attentat. (Erz.) Hrsg. (u. eingel.) v. W. Grenzmann. Pdbrn:
Schöningh (1954). 56 S. (Schöninghs Textausg. 269.)

Der Befehl. (Erzn.) Fbg-Basel-Wien: Herder 1961. 143 S. (Herder-
Bücherei. 91.)

Die dunkle Nacht. (Erzn.) Sieben Erzn. Kolmar: Alsatia (1943. 1942?)
239 S. – Wedel i. H.: Alster 1946. 255 S. – Sieben Erzn. (Neuausg.)
Mchn: Schnell & Steiner (1947) 214 S. ²1949. 236 S. Neun Erzn. mit
e. Nachw. d. Hrsg. (H. Gorski). Lpz.: St. Benno-Verl. 1958. 271 S.
(Kath. Dichter unserer Zeit. 3.) Neudr. 1958. – Erzn. Fbg-Basel-
Wien: Herder 1960. 123 S. (Herder-Bücherei. 70.) ²1961.

Elisabeth Tarakanow. (Erz./18.8.38) Lpz: Insel 1939. 79 S. (Insel-Bücherei. 540.) ²1940.³1942. ⁴1943.⁵1943. ⁶1943. ⁷1956: Wiesb. ⁸1959: Wiesb.

Elisabeth Tarakanow und andere Erzn. Mit 18 Federzeichn. v. H. Fronius. Hrsg. v. C. Winterhalter. Fbg-Basel-Wien: Herder 1968. 349. S. Dass. in Liz. Ausg.: Luzern: Schweizer Volks-Buchgemeinde 1968. Stgt.: Evang. Buchgemeinde 1968.

Das Erdbeben. (Erz. 1931) (Lpz.:) Insel 1961. 44 S. (Insel-Bücherei. 746.)

Das Erdbeben. (Erzn.: Geschichte e. Nashorns. Donna Anna d'Austria. Das Erdbeben.) Lpz.: Hegner 1932. 151 S. – Mchn: Kösel 1959. 193 S. – Ffm.-Bln: Ullstein 1961. 139 S. (Ullstein Buch. 313.)

Der ferne König. (Erzn.) Mit e. Vorw. v. C. Winterhalter. Basel-Fbg-Wien: Herder 1959. 297 S. ²1960

Die gerettete Krone. (Erzn. Mchn: Schnell & Steiner 1948. 178 S. ²1949. 193 S.

Das getilgte Antlitz. (Erz./9.3.40) Fbg: Zodiakus Verl. (um 1940) 45 S. – Liz. Ausg.: Hbg: Furche-Verl. 1962. 58 S. (Furche-Bücherei. 201.)

Das getilgte Antlitz. (Erzn.) s. S. 269

Vor dem Grauen. Das Attentat. (2 Erzn.) Mit e. Einf. v. W. Grenzmann. Pdbrn: Schöningh 1962.62 S.

Nach dem großen Kriege. (2 Erzn.): Die letzte Reise d. Kurfürsten Maximilian. Der fromme Herzog. Kolmar: Alsatia 1941. 84 S., 1 Taf.

Die himmlischen Wohnungen. (Erz.) o.O. (um 1940) 15 S. (Masch. vervielf.) – In: Walter Nigg (Hrsg.): *Unvergängliche Legende.* Köln u. Olten: Hegner 1966. 248-257

Die himmlischen Wohnungen. (Erzn.) Hrsg. u. Vorw. v. E. Antkowiak. Lpz.: St. Benno-Verl. 1960. 144 S. (Benno Bücher. 10.) – Neudr. 1962. 144 S.

Der fünfte Kelch. (Erzn.) s. S. 269

Las Casas vor Karl V. Szenen aus der Konquistadorenzeit. (Erz.) Lpz.: Insel 1938. 203 S. Dass. 1938. 1940. 1941. – Wiesb. 1946 Dass. 1949. 1952. – Lpz. 1952. 203 S. Dass. 1952. 1954. – Wiesb. 1956. 190 S. – Ffm. 1962. 149 S. (Insel-Bücherei. 741.) – Darmst.: Verl. Das Goldene Vlies. 1953. 187 S. (Bürgers Taschenbücher. 9.) – Ffm., Bln: Ullstein 1955. 188 S. (Ullstein Bücher. 9.) ¹⁰1968

Las Casas vor Karl V. (Auszug) Mchn: Bayer. Schulbuch-Verl. (1948) 50 S., m. Abb. u. 1 Taf.

Portugiesische Erzählungen. (Geschichte e. Nashorns. Das Erdbeben. Abschied.) Hrsg. v. U. Lehmann. Hbg: Hamb. Lesehefte Verl. o.J. (1966) 56 S. (Hamb. Lesehefte. 117.)

Die Rose des Königs u. andere Erzn. Fbg-Basel-Wien: Herder 1957. 161 S. ²1958. ³1958. ⁴1959 (Herder-Bücherei. 7.)

Die silberne Ampel. Ein Roman (8.7.56) Köln u. Olten: Hegner 1956.

344 S. – Bln.-Darmst.-Wien: Dt. Buch-Gemeinschaft 1961. 282 S. –
Ffm. u. Hbg: Fischer Bücherei 1961. 170 S. (Fischer Bücherei. 424.)
– Bln: Union 1973. 192 S., Nachw. v. I. Zimmermann

Der Stein des Magiers u. andere Erzählungen. Heilbronn-Stgt: Salzer
1949. 64 S. (Für Zeit u. Ewigkeit.)

Taganrog. (Erz./26.7.40) Fbg: Herder 1946. 99 S. – Luzern: Rex 1947.
86 S. Ill. v. M. Ammann. Einf. v. H.-R. Balmer-Basilius. (Rex-
Klein-Bücherei. 12/13.) Dass.: Luzern: Schweizer Volks-Buchgemeinde 1947. (SVB-Klein-Bücherei.) – Stgt: Reclam 1955. 79 S.
Nachw. v. H. v. Koenigswald. (Universal-Bibliothek. 7869.) ²1956.
³1957. ⁴1959. ⁵1963. – Fbg: Herder 1957. 79 S. = 4. Aufl. m. e.
Nachw. d. Verf. ⁵1957.⁶1958.

Taganrog u. andere Erzn. Fbg-Basel-Wien: Herder 1962. 126 S. (Herder-Bücherei. 112.)

Der Tod des Mächtigen. (Erz./23.2.42) Fbg: Herder 1946. 80 S. ² 1958.
55 S. Dass. Herder-Buchgemeinde

Der Überwinder. Wedel i. H.: Alster 1946. 179 S.

Der Überwinder. (2 Erzn.:) Der Abgrund. Der Gast. Kolmar: Alsatia
1941. 70 S. – (o. J./1944) 87 S.

Die weiße Rose. (Erz.) Gütersloh: Rufer 1958. 4 Bl. (Acht Seiten Freude
zu bereiten. 123.)

Der Widerschein. Drei Erzn. Düsseld.: Christophorus-Verl. 1948.72 S.
– 2. Aufl.: Fbg: Christophorus-Verl. 1951. 78 S.

5. Drama

Belsazar. Drama nach Calderons »Cena de Baltasar«. (Einf. 3-6/
29.3.48) Mchn: Schnell & Steiner 1950. 62 S.

Der große Verzicht. (Drama/9.1. 50) Wiesb.: Insel 1950. 280 S.

Innozenz u. Franziskus. (Drama/9. 1. 52) Wiesb.: Insel 1952. 282 S.

Der Kronprinz. Politisches Drama. Mit Nachw. v. RS. (S. 91) Mchn.:
Alber 1948. 89 S.

Das Spiel vom Menschen. – Belsazar. Frei gestaltet nach Calderons »La
Nave del Mercador« u. »Cena de Baltasar«: Graz-Salzb.-Wien:
Pustet 1949. 143 S. (Nachw. 29.3.48.)

Das Spiel vom Menschen. Nach Calderons »Schiff d. Kaufmanns«.
(Einf. 3-6/29.3.48.) Mchn: Schnell & Steiner 1950. 81 S.

Die Tarnkappe. (Drama) Wiesb.: Insel 1951. 68 S. 1958 (Insel-Bücherei.
486.) Ffm.: Insel 1963. 63 S.

Der Traum des Eroberers. Zar Alexander. (Zwei Dramen.) Wiesb.: Insel
1951. 183 S. (1. Tsd.)

6. Geschichtsdeutung

Das Drama des Geistes in der Geschichte. (5.4.56) Vortrag. Wiesb.: Steiner
1956. 40 S.

Europa als Lebensform. (Vortrag 5.3./17.3.57) Köln u. Olten: Hegner 1957. 60 S.

Fichte. Der Weg z. Nation. (1931/32) Mchn: Langen/Müller 1932. 251 S.

Formen der Macht. Studien. (16.7.53) Nürnb.: Glock u. Lutz 1953. 47 S. (Nürnberger Liebhaber-Ausgaben. 1.) [2]1955

Der Friede der Welt. (Essay/Himmelfahrt 56) Wiesb.: Insel 1956.115 S. – In: RS/C. F. v. Weizsäcker/I. Kant: *Friede der Welt – Schicksal der Menschheit.* Fbg-Basel-Wien: Herder 1974, S. 11-93. (Herderbücherei. 507.)

Die Heimkehr des deutschen Geistes. Über das Bild Christi in d. dt. Philosophie d. 19. Jh. (1.7.45) Baden-B.: Bühler 1946. 83 S. Dass. Kriegsgefangenenausg. f. Frankreich. – Hdbg: Kerle 1946. 63 S. (=2. Aufl.)

Herrscher und Heilige. (Essays) s. S. 269

Die Hohenzollern. Tragik u. Königtum. Lpz.: Hegner 1933. 311 S. – [2]1934. 311 S. – Köln u. Olten: Hegner 1953. 281 S. (=2. Aufl.) – Ffm., Hbg: Fischer Bücherei 1958.201 S. (Fischer Bücherei. 242.) [2]1961.

Iberisches Erbe. (Enthält: Das Leiden d. Camões u. Philipp II.) Einl. (9-11/30.1.48) Olten: Summa-Verl. 1949. 376 S. (Hegner Bücherei.)

Innozenz der Dritte. (1931) Hrsg. u. m. e. Nachw. vers. v. J. Rast. Köln u. Olten: Hegner 1960. 231 S. [2]1965. – Mchn: Dt. Taschenbuchverl. 1963. 159 S. (dtv. 116.)

Das Inselreich. Gesetz u. Größe d. britischen Macht. Lpz.: Insel 1936. 574 S. [2]1936. [3]1936. Nachw. (553-556/29.3.36) – Neuausg.: Wiesb. Insel 1955. 578 S. Nachw. (53-560/7.12.54) – (Schulausg.) (Mit e. Nachw. 82-88/24.3.52 RSs u. e. Nachw. d. Hrsg. H. Pabst.) Bonn: Borgmeyer 1952. 95 S. (Texte moderner Lit. Dt.-Reihe.)

8. Religiöse Essayistik

An alle. Ein Aufruf. Fbg: Caritas-Verl. 1947. 16 S.

Allein der Wahrheit Stimme will ich sein. Hrsg. u. m. e. Nachw. vers. v. C. Winterhalter. Fbg-Basel-Wien: Herder 1962. 255 S. [2]1963

Im Antlitz der Not. (6 Aufsätze) Bonn: Borromäus-Verein (1947). 36 S.

Auffindung des Kreuzes. Fbg: Herder 1945 o.J. 16 S.[3] 1945 (ausg. 1946). [4]1945 (ausg. 46)

Begnadete Nacht. Stgt: Evang. Verlagswerk 1953.16 S.

Duldet mutig, Millionen. Mannh.: Wohlgemuth 1946. 105 S. [2]1947. 105 S.

Elisabeth von Thüringen. 1207-1231. (29.6.55) In: *Die großen Deutschen. Dt. Biographie.* Hrsg. v. H. Heimpel, Th. Heuss u. B. Reifenberg. Bln 1956ff., Bd 1, 130-153. – Marburg: Elwert 1961. 43 S., 2 Taf.

Engel und Dämonen. Ein Bildbuch. Fragmente aus d. unveröff. Werk v. RS. Sonderdr. f. d. Verlagsfreunde z. Jahreswechsel 1952/53. Mchn: Desch 1952.24 S., 16 Taf.

Fausts Rettung. Baden-B.: Bühler 1946. 45 S. Dass.: Kriegsgefangenenausg. f. Frankreich. – Bln: Suhrkamp 1946. 31 S.

Das Gebet in der Zeit. (1945) Fbg:Herder 1945. 15 S. (Mit d. Untertit.
Ein Volk d. Beter u. Büßer.) [2]1945. [3]1945 (ausg. 1946) [4]1945 (ausg.
1946)

Gedanken des Friedens. Gesammelte kleine Schriften. (Vorw. 12.8.46)
Fbg: Herder1946. 152 S.[2]1946. – Bln: Christophorus-Verl. 1948. 152
S.

Gedanken des Friedens. (Nachw. 5.6.56) Mit e. Bildnis d. Verfassers. 2.,
veränd. u. erw. Aufl. Fbg: Herder 1956. 154 S. [3].[4]1957.[5]1957

Kaiser Lothars Krone. Leben u. Herrschaft Lothars v. Supplinburg.
(4.12.36) Lpz.: Insel 1937. 211 S. [2] 1938. 211 S.

Karl v. Erbe u. Verzicht. Z. 25.10.1955. Köln u. Olten: Hegner 1958. 62
S.

*Das Leiden des Camões od. Untergang u. Vollendung d. portugiesischen
Macht.* Hellerau:Hegner 1930. 242 S. – 2. Aufl.: Köln u. Olten:
Hegner 1957. 209 S. Nachw. (203-209/31.8.57) Paperback-Ausg.:
Ebd. 1963. 308 S. – In: Iberisches Erbe 1949, 14-138. – Hbg:
Rowohlt Taschenbuchverl. 1959. 146 S. (rororo. 324.) – Bln(DDR):
Union 1976

Die letzten Jahre des Prinzen Eugen. Ein Fragment. Köln u. Olten:
Hegner 1957. 64 S.

Der Mensch vor dem Gericht der Geschichte. (Vortrag in Fbg.: 21.2.46, in
Baden-B.: 13.3.46) (20.11.45) Augsb.-Göggingen: Naumann 1946.
47 S. (Abendländ. Reihe. 1.) – Baden-B.: Bühler 1946. 46 S. Dass.
Kriegsgefangenenausg. f. Frankreich 1946.

Philipp der Zweite od. Religion u. Macht. Lpz.: Hegner 1931. 343 S. –
Köln u. Olten: Hegner[2]1957. 308 S. Nachw. (301-305/2.9.57) – In:
Iberisches Erbe 1949. 139-376. – Ffm. u. Hbg: Fischer Bücherei 1953.
239 S. 1961 (Fischer Bücherei. 44.) – Liz. Ausg.: Bln-Darmst.-Wien:
Dt. Buch-Gemeinschaft 1959. 308 S.

Verständnis der Geschichte. Geschichte als Anruf u. Aufgabe. (Von RS u. A.
Delp/Görres-Lesebogen. 19) Nürnb.: Glock u. Lutz 1946. 2 Bl.

Was ist Geschichte? (Vortrag?/6.12.43) Kolmar: Alsatia (um 1944) 38 S.

Auf Wegen deutscher Geschichte. Eine Fahrt ins Reich. Lpz.: Insel 1934. 131
S. (Nachw. 19./29.3.34.)

Weltreich u. Gottesreich. Drei Vorträge. Mchn: Schnell & Steiner 1946.
139 S.

Wesen u. Verwaltung der Macht. (2.3.54/Vortrag/Institut f. Europ.
Geschichte Mainz. Vorträge) Wiesb.: Steiner 1954. 42 S.

Aar mit gebrochener Schwinge. Clemens Brentano, Annette von Droste-Hülshoff. Hdbg: Kerle 1948. 88 S. (2. Aufl.)

Adel. Z. 75. Geburtstag Ottos Freiherr v. Taube. Olten. Vereinig. Oltner Bücherfreunde 1954. 23 S. – Photomech. Neuausg. 1976

Im Anfang liegt das Ende. Grillparzers Epilog auf d. Geschichte. (21.5.41) Baden-B.: Bühler 1946. 64 S. Dass.: (74 S.) Kriegsgefangenenausg. f. Frankreich.

Begegnung u. Bekenntnis. (Literar. Essays) Mit d. Freiburger Gedenkrede (= Der Wahrheit Stimme) v. W. Bergengruen. Hrsg. u. m. e. Nachw. vers. v. C. Winterhalter. Fbg-Basel-Wien: Herder 1963. 271 S. [2]1964 (ausg. 1966)

Der Bildungsauftrag des christl. Dichters. (Vortrag 9.9.53) In: *Der christl. Protest* 1954, 57-79. – Zch: Arche 1956. 47 S. (Die kl. Bücher d. Arche. 225.)

Corneilles Ethos in der Ära Ludwigs XIV. Eine Studie. (3.1.39) Lpz.: Insel 1939. 100 S. [2]1940 (ausg. 1941) 100 S. – (Sonderausg.:) Baden-B.: Bühler 1948. 111 S.

Dämonie u. Verklärung. (Literar. Essays) Vaduz: Liechtenstein 1947. 375 S. – Wien: Bergland 1947. 1948. 375 S. – Wien: Österr. Buchgemeinschaft 1953. 375 S. – Stgt-Zch-Salzb.: Europ. Buchklub (ca. 1950). 375 S. 195/. – Fbg-Basel-Wien: Herder 1965. 320 S. Veränderte Neuausg. Hrsg. v. C. Winterhalter

Über Dichter und Dichtung. (Literar. Essays) s. S. 269

Der Dichter vor der Geschichte. Hölderlin. Sein Deutschlandbild (5-35). Novalis. Der Dichter u. d. Tod (37-68). Kolmar: Alsatia 1944. 72 S. Neue Aufl.: Hdbg: Kerle [2]1946. 68 S.

Der Dichter vor der heraufziehenden Zeit. (18.3.46) Fbg: Herder 1947. 32 S.

An den Engel in der Wüste. Die Wende Clemens Brentanos. Würzb.: Werkbund-Verl., Abt. Die Burg 1940. 31 S. (Zeugnis u. Auslegung. 5.)

Erworbenes Erbe. Z. Gedächtnis d. Droste. Mchn: Alber 1948. 24 S.

Fausts Rettung. (1.6.44) Baden-B.: Bühler 1946. 45 S. Dass. Kriegsgefangenenausg. f. Frankreich. – Bln: Suhrkamp 1946. 31 S. (Beiträge z. Humanität.)

Vom Geschichtsbewußtsein der Romantik. Drei Essays. Mainz: Verl. d. Akad. d. Wiss. u. d. Lit./Wiesb.: Steiner 1951. 51 S. Akad. d. Wiss. u. d. Lit. Abhandlungen d. Klasse d. Lit. Jg 1951, Nr. 5, S. 127-177. (Vorw. 29.11.51)

Der Katarakt. Das Schicksal Nikolaus Lenaus. Würzb.: Werkbund-Verl. Abt. Die Burg 1940. 36 S.

Kleists Ende. (13.4.46) Mchn: Alber 1946. 32 S.

Lessings Drama. (3.7.47) Mchn: Alber 1948. 27 S.

Macht u. Gewissen in Shakespeares Tragödie. Bln: Suhrkamp 1947. 47 S.
(Beiträge z. Humanität.)

Der Mensch u. das Leid in der griechischen Tragödie. (30.5.46) Mchn:
Schnell & Steiner 1947. 32 S.

Der Pilger. Eichendorffs Weltgefühl. (27.8.40) Würzb.: Werkbund-Verl.
Abt. Die Burg 1940. 28 S. (Zeugnis u. Auslegung.)

Im Schatten Mephistos. Drei Essays. Stgt: Dt. Verl. Anst. 1947. 46 S.
²1949 (Der Deutschenspiegel. 27.)

Schwermut u. Zuversicht. Lenau. Eichendorff. (Vorw./Okt. 47) Hdbg:
Kerle 1948. 81 S. (= 2. Aufl.)

Soll die Dichtung das Leben bessern? (4.11.55) Die Diskussionsbeiträge v.
Gottfried Benn u. RS im Kölner-Funkhaus 15.11.56. Wiesb.: Li-
mes-Verl. 1956.39 S. ²1957

Verpflichtung und Liebe. (Literar. Essays.) Hrsg. v. C. Winterhalter.
Fbg-Basel-Wien: Herder 1964. 256 S.

Zur Zeit der Scheide zwischen Nacht u. Tag. Der Lebenskampf d. Droste.
(8.4.41) Würzb.: Werkbund-Verl. Abt. Die Burg 1940. 40 S.

Gelebtes Wort. (Religiöse Essays.) Hrsg. u. m. e. Nachw. vers. v. C.
Winterhalter. Fbg-Basel-Wien: Herder 1961. 334 S. ²1962

Der Glaube. (6.4.46) Nürnb.: Glock u. Lutz 1946. 2 Bl. (Görres
Lesebogen. 38.)

Gott der Vater u. Herr. (Vigil vor Pfingsten 45) Fbg: Herder 1945. 15
S.²1945 (ausg. 1946)³1945 (ausg. 1947)

Das Gottesreich in der Zeit. Sonette u. Aufsätze. (Reichshof um 1942:
Druckerei Udzialowa) 339 S. (Als Ms. gedruckt.)

Jesus Christus gestern u. heute. Fbg: Herder 1945. 15S. ²1945.³1945 (ausg.
1946) ⁴1945 (ausg. 1946)

Die Kirche in der Geschichte. (29.5.45) Fbg: Herder 1945. 15 S. ² o. J.
³1945(ausg. 1946) – Bln: Christophorus-Verl. 1947. 16 S. (Christo-
phorus-Kleinschriften.)

*Das Kreuz in der Zeit. Das Vaterunser. Der Kreuzweg. Die sieben Worte
am Kreuz.* Fbg: Herder 1947. 149 S.

Das Kreuz in der Zeit. Der Kreuzweg. Die sieben Worte am Kreuz.
Neuausg. (Vorw. v. C. Winterhalter.) Fbg: Herder 1959. 96 S.
²1963.³1967

Der Kreuzweg. (12.5.42) Kolmar: Alsatia (1942) 63 S. Feldausg.: 1943,
62 S. – Wedel i. H.: Alster 1946. 50 S. – Fbg.: Herder 1947. 52 S.

Die Macht der Friedfertigen. Fbg.: Herder 1945.16 S. ²1945 (ausg. 1946).
³ o. J. ⁴1945 (ausg. 1946)

Macht des Geistes. (3 Aufsätze/7.5.46) Bonn: Borromäus-Verein (1946)
21 S.

St. Martin von Tours. (Bln: Christophorus-Verl., um 1947) 4 Bl. –
Briefe an Weggefährten (Waldkirch, bei E. Mühlan, um 1950) 4 Bl.

Die neue Ehre. (3 Aufsätze.) Bonn: Borromäus-Verein 1946. 24 S.

Newmans Entscheidung. (Vortrag z. 9.10.45/19.9.45) Fbg: Herder 1946.
32 S.

St. Odilien. (3.6.42) Kolmar: Alsatia 1942. 16 S.

Papst Gregor der Große. (13.7.45) Fbg: Herder 1945. 22 S. ²1945. ³1945

Der Priester im Kirchenjahr der Zeit. Von einem Laien. (Sommer 1944.)
Fbg: Caritas-Verl. 1946. 147 S.

Sein Reich. Bonn: Borromäus-Verein 1946. 16 S.

Über den Selbstmord. (8.11.46) Baden-B.: Bühler 1947. 39 S. Dass.
Kriegsgefangenenausg. f. Frankreich

Der Sinn aller Opfer. Brief in e. Kriegsgefangenenlager. (16.6.46) Mchn:
Schnell & Steiner 1946. 14 S. – In: Austria 3 (1948) H. 1, 1-4

Von der Streitmacht des Gebetes. Die Rückkehr z. Rosenkranz. Mchn:
Schnell & Steiner 1946. 12 S. – ²1949. 8 S.

Die Stunde des Heiligen Franz von Assisi. (1942) Kolmar: Alsatia (1942)
109 S. – Kolmar: Alsatia (1943) 111 S. – Hdbg: Kerle 1946(=2. Aufl.)
102 S. ³1956. 124 S. – Wedel i. H.: Alster 1946 (ausg. 1948) 101 S.

Theresia von Spanien. (10.8.39) Mchn: Schnell & Steiner 1939. 77 S. (mit
80 Abb.) (Träger des Auftrags. 1.) ²1946. 62 S.

Vom Tun der Wahrheit. (3 rel. Essays.) Mchn: Schnell & Steiner 1948.
93 S.

Und Petrus stieg aus dem Schiffe. (Rel. Aufsätze.) Baden-B.: Bühler 1946.
143 S. Dass. Kriegsgefangenenausg. f. Frankreich

Das Unzerstörbare. An die Jugend. (26.7.45.) Fbg: Herder 1945. 14
S.²1945.³1945.⁴1945. – Fbg. Herder 1947. 15 S. – Bln: Christophorus-Verl. 1947

Das Vaterunser. (5.6.41) Kolmar: Alsatia 1941. 55 S. – o. J. (1941) 70 S.
– Feldpostausg.: 1942. 63 S. – 1943. 63 S. – London: World's Alliance
of the Young Men's Christian Associations War Prisoners' Aid, o. J.
(um 1944) 49 S. (Zaunkönig-Bücher. 301.) – Fbg: Herder 1947. 55 S.
Neuausg.: 1957. 98 S. Ill. u. mit e. Nachw. d. Verf. ²1959.³1962 –
Krefeld: Scherpe 1948.54 S. – Graz-Wien: Styria 1948. 63 S. (Der
neue Mensch.)

Das Vaterunser mit Worten von RS. Hrsg. v. Freundeskreis d. Stiftung
»Oratio Dominica«, Fbg. Herder Offizin, Fbg (1966) 4 Bl., 7 S.

Die Verborgenen. (In Zierschrift) geschrieben v. L. Zimmermann.
Pdbrn: Schöningh (1947) 13 S.

Versöhnung der Gläubigen. Dass alle eins werden. (15.7.45) Fbg: Herder
1945. 15 S. ²o. J. ³1945 (ausg. 1946). ⁴1945 (ausg. 1946)

Die Verwaltung der Macht. Fbg: Herder 1945. 16 S. 2.-4. Aufl.: 1945

Weihnacht der Gefangenen. Fbg: Herder 1945. 14 S.

Weihnachtsgabe. (Mit Zeichn. v. R. Lehmann). Zch: Arche 1955. 64 S.
(Die kl. Bücher der Arche. 210/211.)

Die sieben Worte am Kreuz. (19.-25.5.46) Fbg: Herder 1947. 47 S. –
Luzern: Rex 1948. 58 S.

Von der Würde des Menschen. (1.8.45) Fbg: Herder 1945. 22 S.
²1945. ³0. J. ⁴1945 (ausg. 1946)

9. Zur bildenden Kunst

Das Antlitz des Mächtigen. Fbg: Herder 1941. 12 S., 25 Taf. (Der
Bilderkreis. 13.)

Die Beter. (15.6.44) Fbg: Herder 1951. 14 S., 25 Taf. (Der Bilderkreis.
32.) ²1952 (ausg. 1953)

Das Bildnis in der Geschichte. In: Leo von König. Festschrift z. 70.
Geb.-Tag. Bln 1941, 35-38

Ehrwürdiges Alter. (25.4.42) Fbg: Herder 1943. 14 S., 25 Taf. (Der
Bilderkreis. 19.)

Franziskus. (23. 10.52) Fbg: Herder 1953. 17 S., 30 Taf. ²1956.18 S., 30
Abb. (Der Bilderkreis. 35.)

Gestalt u. Seele. Das Werk d. Malers Leo v. König. (16.4.36) Geleitw.
Lpz. 1936, 7-29

Heilige Frauen. Fbg: Herder 1957. 17 S., 24 Taf. ²1959. (Der Bilderkreis.
47.)

Johannes. (8.7.55) Fbg: Herder 1956. 18 S., 33 Abb. (Der Bilderkreis.
46.)

Der Jüngling. (22.2.40) Fbg: Herder 1940. 8 S., 25 Taf. ²1942 (. (Der
Bilderkreis. 8.)

Petrus. (29.5.54) Fbg: Herder 1955. 14 S., 30 Abb. (Der Bilderkreis. 43.)

Das Weltgericht. (12.4.42) Fbg: Herder 1943. 14 S., 25 Taf. (Der Bilderkreis. 22.) 2., neubearb. Aufl.: 1958. 14 S., 37 Abb.

10. Städte und Landschaften

Von Fatima bis Alcobaca. (7.2.56) Nürnb.: Glock u. Lutz (1957) 12 S.
(Mit Zeichnungen v. A. Heller.)

Lissabon. Mit 32 Aufnahmen v. A. Raichle. Mchn/Ahrbeck: Knorr u.
Hirth (1957) 15 S., 32 Abb. (Das kl. Kunstbuch. 9.)

Portugal. Ein Reisetagebuch. Mchn: Georg Müller 1931. 158 S. –
(Wiesb.): Insel 1947. 149 S. (Neuausg., um 5 Kap. gekürzt)

Quedlinburg. (18.4.33) Olten: Vereinig. Oltner Bücherfreunde 1953. 17
S.

Schicksal u. Landschaft. (Essays u. Reisebilder.) Hrsg. u. m. e. Nachw.
vers. v. C. Winterhalter. Fbg-Basel-Wien: Herder 1960. 392 S.

Später Sommer in Graz. Graz: Styria 1954. 19 S.

11. Verschiedene Themen

Allerseelen 1946. Einem verschollenen Freunde. (K.L. zu Guttenberg.)
(4.10.46) Mannh.: Wohlgemuth 1946. 24 S.

*Drei Ansprachen anläßlich der Verleihung des Friedenspreises des Dt. Buch-
handels.* (23.9.56) Ffm.: Börsenverein d. Dt. Buchhandels 1956. 43 S.
Darin (25-43): Der Friede d. Welt

Drei Aufsätze von u. über RS. Fbg: Herder 1962. 31 S., 4 Taf.

Der Friede der Welt. Rede bei d. Verleihung d. Friedenspreises d. Dt. Buchhandels in d. Frankf. Paulskirche am 23.9.56. In: *Friedenspreis des Dt. Buchhandels. Reden u. Würdigungen* 1951/60. Ffm. 1961, 1967 – In: Franz A. Schmitt/Bruno Scherer (Hrsg.): *RS. Leben u. Werk in Dokumenten.* Karlsruhe: Badenia ²1973, 257-270. (1. Aufl.: Olten u. Fbg: Walter 1969)

Friedenspreis des Dt. Buchhandels 1956. Text d. Ansprachen. (o. O. 1956) 12 S. Darin (7-12): Der Friede der Welt.

Gedenkwort zum 20. Juli (1944). Stgt-Calw: Hatje 1947 (1946?) 31 S. (Die innere Befreiung. 2.) – Fbg: Herder 1947. 28 S.

Jochen Klepper – RS: Eine Begegnung. Stgt: Dt. Verl-Anst. 1956. 22 S. (Aus J. Kl.: Unter d. Schatten deiner Flügel u. RS: VT.)

Laß uns zur Stimme deiner Liebe werden. Worte an einen Gefallenen. Anonyme Ausg. o. O., o. J., 6 Bl. – Kolmar: Alsatia (1942?) 11 S. Ebd. Kolmar: Alsatia (?) 14 S. Ebd.: Feldpostausg. (1943?) 16 S. Dass. 1944. 16 S. – In: *GZ* 226-243. – In: *Lasset die Klage. Ein Trostbuch.* Hrsg. v. O. Heuschele. Wien, Mchn 1953, 149-153

Paul Mahnert zum Gedächtnis. (20.11.56) Nachruf von RS anläßl. d. Trauerfeier . . . am 22.11.56. (Castrop-Rauxel: Schmitz) 1956. 15 S.

Franz Anton Mesmer, der magische Materialist. (6.2.30) In: Maria van Look: F. A. Mesmer – RS. Fbg 1969, 89-127

Vom Sinn der Gefangenschaft. An die Gefangenen in Italien. (2.1.46) Rom: Päpstl. Hilfsstelle f. dt. Kriegsgefangene (1946) 7 S. – In: Die Lagergemeinde/Genf Jan. 1947, S. 2

Stolz u. Verantwortung. Von d. Sendung d. Jugend. (10.1.47) Bln: Morus-Verl. 1947. 32 S. – ²1948. 32 S.

Die Toten des 20. *Juli.* (22.6.49) Sonderdruck o. O. u. J. 4 Bl. (Hrsg.: Hilfswerk des Grafen Hardenberg. Althardenberg b. Höxter. 1949.)

Die Wahrheit überleuchte Dich im Leide! Eine Reinhold-Schneider-Feier mit einer Ansprache d. Dichters. (Programmheft.) Bad. Staatstheater (Karlsruhe. Spielzeit 1948/49). Kleines Haus. (Khe 1949: Kolbendruck.) 6 Bl.

12. Sammelbände verschiedenen Inhalts

Der christliche Protest. Mit e. Geleitw. v. W. Bergengruen. Zch: Arche 1954. 148 S. (Slg. Gestalten u. Wege.)

Das Erbe im Feuer. Betrachtungen u. Rufe. Fbg: Herder 1946. VII, 174 S. Vorw. (V-VII/25.1.46)

Erbe u. Freiheit (Vorträge/Vorw. 3.6.55). Köln u. Olten: Hegner 1955. 234 S.

Erfüllte Einsamkeit. (Aufsätze) Mit 2 Gedenkworten v. W̌. Bergengruen, 12 Bildtafeln u. 2 Handschriftenproben. Hrsg. u. Nachw. v. C. Winterhalter. Fbg-Basel-Wien: Herder 1963. 264 S. ²1965

Freiheit u. Gehorsam. (Essays aus P.) Mchn: Dt. Taschenbuch Verl.
1967. 140 S. (dtv. 441.)

Geschichte u. Gewissen. Auswahl bes. u. mit e. Nachw. vers. von RS.
Bielefeld: Velhagen u. Klasing 1953. 166 S. (Dt. Schul-Ausgaben.
55.) Nachw. (160-163/28.11.50.)

Das Große bleibt. (Essays u. ein Sonett.) Ausgew. u. eingel. v. O.
Heuschele. Stgt: Steinkopf 1963. 126 S. (Steinkopfs Hausbücherei.)

Kreuz u. Geschichte. (Ausw. aus: MG u. Las Casas vor Karl v.) Bearb.
v. H. H. Below. Stgt: Metzler 1949. 95 S. (Metzlers Schulausgaben.
Dt. Reihe.)

Macht u. Gnade. Gestalten, Bilder u. Werte in d. Geschichte. Lpz.: Insel
1940. 330 S. ^{2}1941. 330 S. – Wiesb: Insel ^{3}1946. 330 S. – ^{4}1954. 305 S.
– ^{5}1959. 303 S. – Graz-Salzb.-Wien: Styria-Pustet-Moser 1949. 373
S. Mchn-Zch: Droemer/Knaur 1964. 251 S. (Knaur-Taschenbü-
cher. 41.) – Nachw. v. P. Meier. Ffm: Suhrkamp (suhrkamp
taschenbücher. 423.)

Die Nacht des Heils. (11 Aufsätze) Bln: Nauck 1947. 168 S. – Liz.
Ausg.: Zch: Scientia 1947. 159 S. (Bleibendes Gut. 19.)

Pfeiler im Strom. (Essays.) Vorw. v. W. Bergengruen. Wiesb.: Insel
1958. X, 414 S. (Die Bücher der Neunzehn. 48.) Aus der 1. Aufl. der
Bücher der Neunzehn: 1963 Neuausg.

Rechenschaft. Worte z. Jahrhundertmitte. Einsiedeln: Johannes 1951. 99
S. (Christ heute. II, 4.)

Schriften zur Zeit (3 Essays.) Baden-B.: Bühler 1948. 166 S.

13. Briefwerk

Ein Brief (über das eigene Schaffen). In: RS: GW 1961, 110-113

Briefe an einen Freund (Otto Heuschele). Mit Erinnerungen v. O.
Heuschele. Köln u. Olten: Hegner 1961. 190 S.

Werner Bergengruen – RS: Briefwechsel. Mit 2 Handschriftenproben, 3
Abb. u. e. Nachw. Hrsg. v. N. L. Hackelsberger-Bergengruen. Fbg:
Herder 1966. 157 S.

Briefwechsel RS – Bernt v. Heiseler. Mit e. Geleitw. v. H. Fromm. Stgt:
Steinkopf 1965. 199 S.

»Briefwechsel Jochen Klepper mit RS 1934-1942«.« In: J. Klepper:
Briefwechsel 1925-1942. Hrsg. v. E. G. Riemschneider. Stgt: DVA
1973, 61-157

»Aus dem Briefwechsel RS-Paul Mahnert.« In: Leni Mahnert (Hrsg.):
RS in Essen. Freundschaft mit P. M. (Essen: Selbstverl. L. Mahnert
1970) 43-85. ^{2}1973

Briefwechsel RS – Erich Przywara. Mit Gedenkworten v. Th. Heuss, W.
Bergengruen, E. Przywara u. e. Vortrag v. RS. Hrsg. v. E. Przywara. Zch: Arche 1963. 147 S.

Briefwechsel RS – Leopold Ziegler. Mchn: Kösel 1960. 264 S.

Das ist die Zeit der Gnade und der Sünde . . . In: Freie Rhythmen,
  Sonette, Oden. Sprecher: P. Otten. Münster: Fono Schallpl. Ges.
  (1968) ⌀ 30 cm, 33 UpM (Das Sprachkunstwerk. 3.)
Las Casas vor Karl v. Hörspiel. Sprecher: H. Caninenberg u. a. Regie:
  H. Schmidt. Fbg: Calig 1965. ⌀ 30 cm, 33 UpM
Las Casas vor Karl v. (Ausz.) Starnberg: Keller (o. J.) ⌀ 17 cm, 45 UpM
Reinhold Schneider spricht: Die heißen Quellen (aus VT) – Vier
  Sonette (aus So). – Der Friede der Welt (Ausz.) Fbg: Christophorus-
  Verl. (1958). ⌀ 25 cm, 33 UpM (Die Stimme des Dichters)
Soll die Dichtung das Leben bessern? Aus e. Vortrag im Kölner
  Funkhaus am 15. Nov. 1955. (Köln: Westdt. Rundfunk 1959.) ⌀ 25
  cm, 33 UpM
Sonette – Die Rede Las Casas' vor Kaiser Karl v. G. Westphal liest. Fbg:
  Christophorus-Verl. (1961). ⌀ 25 cm, 33 UpM
Winter in Wien. (Ausz.) G. Westphal liest. Fbg: Christophorus-Verl.
  (1960). ⌀ 25 cm, 33 UpM

15. *Reinhold Schneider als Herausgeber*
(Geleitworte, Nachworte)

Abendländische Bücherei. Hrsg. u. eingel. v. RS. Bdch 1-15. Fbg:
  Herder 1947-1950
Alles weitere siehe: *RSB* Nr. 414-464. 1083
16. *Vertonungen*
Siehe *RSB* Nr. 465-491. 1084
17. *Übersetzungen von Werken RSs*
Siehe *RSB* Nr. 492-549. 1085
18. *Bildnisse RSs*
Siehe *RSB* Nr. 550-564. 1086

II. LITERATUR ÜBER REINHOLD SCHNEIDER

1. *Bibliographien*

Küntzel, Gerhard: »Schriftenverzeichnis von RS.« In: *Jb 1958 d. Akad.
  d. Wissenschaften u. d. Lit.* Mainz, 49-94. Erfaßt neben den selbständig
  erschienenen Schriften auch Zss. Artikel u. andere Beiträge in
  chronolog. Anordnung
Scherer, Bruno: »RS-Bibliographie.« In: B. S.: *RS. Seine Geisteswelt u.
  Literaturbetrachtung*. Phil. Diss. Freiburg/Schweiz 1964 (Masch.
  Schr.) , 508-696. Erstrebt Vollständigkeit u. enthält: Schriftenverz.
  RSs. Verz. der Mss. Verz. der Lit. über RS. (In alphabet. Anordnung.)

Scherer, Bruno: »RS-Bibliographie.« In: Franz A. Schmitt/B. Scherer (Hrsg.): *RS. Leben und Werk in Dokumenten*. Karlsruhe: Badenia 1973, 279-387 (1. Ausg.: Olten u. Fbg: Walter 1969). Erfaßt in Sachgebiet-Anordnung alles außer Zeitungsbeiträgen. (=*RSB*)

Wilpert, Gero von u. Adolf Gühring: »RS«. In: G. v. W. u. A. G.: *Erstausgaben dt. Dichtung. Eine Bibliographie z. dt. Literatur. 1600 bis 1960*. Stgt 1967, 1142-1147(188 Nummern.)

Siehe auch RSB Nr. 565-568

2. Literarhistorische Zuordnung

Siehe *RSB* Nr. 572-609. 1088-1095

3. Allgemeines zu Leben und Werk
a) Einzelausgaben

Adolf-Altenberg, Gertrude: *La Personalità e l'Opera di RS*. Milano: Vita e Pensiero 1962. 114 S.

Balthasar, Hans Urs v.: *RS. Sein Weg und sein Werk*. Köln u. Olten: Hegner 1953. 261 S.

Courtois, René: *RS. Du nihilisme à la foi*. Bruxelles: Foyer Notre-Dame (um 1955). 16 S. (Convertis du XXe siècle. 51.) – Dänische Ausg.: RS. *Fra nihilisme til troen. Overs. fra fransk af P. Heide*. Kobenhavn: Frost-Hansen 1958. 16 S. (Konvertiten fra det 20 Arhundrede.) s. Nr. 637 in RSB

Hausmann, Manfred: *RS*. Olten: Vereinigung Oltner Bücherfreunde 1959. 12 S.

Look, Maria van: *Jahre der Freundschaft mit RS. Aus Tagebuchblättern*. Weilheim: Barth 1965. 267 S.

Meier, Pirmin: *RS. Kurzer Führer durch Leben und Werk*. Buchdruckerei AG Baden/Schweiz 1972. 11 S., 1 Abb.

Nigg, Walter: *Ein Ritter des Glaubens*. Olten: Vereinigung Oltner Bücherfreunde 1958.19 S.

Rast, Josef: *Der Widerspruch. Das doppelte Antlitz des R.S.* Köln: Hegner 1959. 101 S.

Rekola, Juhani: *Traaginen Reinhold Schneiderin ajattelussa*. (Mit dt. Zusammenfassung 211-226:) Das Tragische bei RS. Helsinki: Vammala 1971. 226 S. (Suomalaisen Teologisen Kirjallisuusseuran julkaisuja LXXXV)

Scherer, Bruno: siehe Schmitt

Scherer, Bruno Stephan (Hrsg.): *RS-Sonderheft ›Mariastein‹/Basel* 19 (1972/73) 247-286. (Mit Beiträgen v. R. Schneider, I. Driesen, A. Hämmerle, R. Kissling, R. Meile, B. S. Scherer.)

Scherer, Bruno: *Tragik vor dem Kreuz. Leben u. Geisteswelt RSs*. Fbg-Basel-Wien: Herder 1966. 264 S.

Schmitt, Franz Anselm und Bruno Scherer (Hrsg.): *RS. Leben u. Werk in Dokumenten.* Khe: Badenia 1973. 387 S., zahlreiche Abb. u. Faks. (Mit Beiträgen v. F. Heer, W. Nigg, R. Schneider, F. A. Schmitt, K. Peters, W. Bergengruen, H. Schäufele, A. Eckert, B. Scherer.) 1. Ausg.: Olten u. Fbg: Walter 1969. 375 S. (hrsg. v. F.A. Schmitt)

Zimmermann, Ingo: *RS*. Bln: Union 1966. 39 S. (Christ in d. Welt. 9.)

Zimmermann, Ingo: *Der späte RS. Eine Studie*. Fbg 1973. 141 S. (Schriften d. RS-Stiftung-Hamburg 1/ Theol. Diss. Lpz. 1965)

Zimmermann, Ingo: *Stimme in die Zeit. Das Friedenszeugnis RSs. Eine Studie.* Bln: Evang. Verl. Anst. 1963. 104 S.

b) Unselbständig Erschienenes

Siehe RSB Nr. 620-712. 1100-1118

Ergänzungen 1973/76:

Glock, Karl Borromäus: »RS«. In: K. B. G.: *Das Wagnis.* Gerabronn: Hohenloher 1975, 192f.

Hardt, A., E. Schmitz, A. Thome: »Phasen und Krisen der Religiosität und Christenheit.« In: A. H., E. S., A. T.: *Dichter und Propheten. Moderne Dichtung im Religionsunterricht.* Trier: Spee 1973, 227-230

Heer, Friedrich: (RS) In F. H.: *Vorbilder für Deutsche.* 1974, 310-324

Kampmann, Theoderich: Ein unvergleichlicher Confessor. In: Th. K.: Die Wahrheit tun in Liebe. (G. v. le Fort. RS.) Meitingen-Freising: Kyrios 1976,24-40 (Meitinger Kleinschriften. 57.)

Kampmann, Theoderich: *Das verhüllte Dreigestirn. W. Bergengruen, G. v. Le Fort; RS* (83-107). Paderborn: Schöningh 1973

Klee, Ernst: »RS. Die preussischen Jahre.« In: E. K.: *Wege u. Holzwege. Evang. Dichtung des* 20. *Jhs.* Bremen: Stelten 1969, 132-139

Meinhold, Peter: Der beispiellose Friede. In: *Saeculum,* Jb f. Universalgesch. 28 (1977) 241-252

Nigg, Walter: »Die Zeit für die ich geboren bin: RS.« In: W. N.: *Was bleiben soll.* Olten u. Fbg.: Walter 1973, 205-230. [2]1974

Ryssel, Fritz Heinrich: *Große Kranke. S. Kierkegaard, V. van Gogh, RS* (75-95.) Gütersloh: Mohn 1974 (Gütersloher Taschenbücher. 9.)

Scherer, Bruno Stephan: »Die ganze Wirklichkeit. Christliches Zeugnis in der Dichtung RSs.« In: SR 74 (1975) 315-326

Scherer, Bruno Stephan: »Das Jesusbild eines Schriftstellers.« In: *Schweiz. Kirchenztg.* 141 (1973) 425-429

Scherer, Bruno Stephan: »Das Kreuz als Mitte des Lebens. RSs Weg zu Christus.« In: *Borromäer-Stimmen* 53 (1972/73) 65-73

Schwébius, Gabrielle: »A la découverte de RS, Allemand et Européen.« In: *Revue de la Littérature Comparée.* 48(1974) 127-135

Weizsäcker, Carl Friedrich von: »RS in unserer Zeit.« (Vortrag 1973.) In: C. F. v. W.: *Fragen zur Weltpolitik.* Mchn: Hanser 1975, 126-148 – In: RS, C. F. v. W., *I. Kant: Friede der Welt – Schicksal der Menschheit.* Fbg: Herder 1974, 95-112 – In: *RSG* H. 7(Mai 1973) 78-97

4. Hochschulschriften

Almeida e Silva, Maria Marques de: *Concepção de história de RS.*
Coimbra 1958. 177 S. (Masch.-Schr.) (Phil. Diss. Coimbra)

Beer, Werner M.: *Macht und Verantwortung. Die Verwaltung d. Macht im Werk RSs als Erzieher.* Anliegen unserer Zeit. Pdbrn: Schöningh 1966. 176 S. (Schriften z. Pädagogik u. Katechetik. 15.) (Päd. Diss. Mchn 1962)

Boßle, Lothar: *Utopie und Wirklichkeit im politischen Denken von RS.* Mainz: v. Hase u. Koehler 1965. 231 S. (Phil. Diss. Mainz 1965)

Caeiro, Oscar: *La obra narrativa de RS. Enfoque literario e historico.* Cordoba/Argentina: Edición del autor 1970. 298 S. (Phil. Diss. Cordoba 1967)

Meier, Pirmin Adrian: *Form und Dissonanz. RS als historiograph. Schriftsteller.* (Masch.-Schr.) (Phil. Diss. Zürich 1975)

Meile, Rita: *Der Friede als Grundmotiv in RSs Werk.* Bern u. Stgt: Haupt 1977.272 S. (Phil. Diss. Bern 1975/Sprache u. Dichtung.24.)

Muzji, Maria Giovanna: *RS. Die innere Logik einer Existenz.* 113 S. (Phil. Diss. Rom, Università degli Studi di Roma 1967/68)

Reddemann, Karl-Wilhelm: *Der Christ vor einer zertrümmerten Welt.* (Unvollendete theol. Diss. in Vorber. f. 1978)

Sanvico, Francesca: *L'etica nell'opera di RS. Milano* 1963. (Phil. Diss. Mailand, Università cattolica)

Scherer, Bruno: *RS. Seine Geisteswelt u. Literaturbetrachtung.* Mit e. RS-Bibliographie. Freiburg/Schweiz 1964. X, 696 S. (Masch.-Schr.) (Phil. Diss. Freiburg/Schweiz 1964.)

Schmidt, Elisabeth: *Tragik und Kreuz. Versuch e. Interpretation d. Lyrik RSs.* Wien 1963. 306, XLVII S. (Masch.-Schr. Xerokopie) (Phil. Diss. Wien 1964.)

Schönweitz, Gisela: *Ein Rufer in der Zeit. Die relig. Entwicklung RSs in großen Zügen.* (Phil. Diss. Mailand 1975)

Vyskoz, Augustin: *Il dramma cristiano di RS.* Pisa 1966. 375, XLI S. (Masch.-Schr./Phil. Diss. Pisa 1966)

Wampach, Erny: *Vom Einzelgeschehen ins Transzendendente. Die Vollendung des Geschichtlichen im Untergang in d. Geschichtsdarstellung v. RS.* Liz.-Arbeit der Univ. Löwen, 1962. 150 S. (Masch. vervielf.)

Weiss-Kramer, Dorothy Eleanor: *»Bild« in the works of RS: an Introduction.* 310 S. (Diss. Univ. of Texas at Austin 1975)

Zimmermann, Ingo: *Der späte RS. Studie über e. literar. Beitrag z. Verständnis des Christlichen in d. Gegenwart.* Lpz. 1965. 194 Bl. (Masch.-Schr.) s. S. 269

5. Zu einzelnen Lebensabschnitten

Siehe *RSB* Nr. 721-835. 1122-1132

Heuschele, Otto: »RS.« In: *Kultur u. Leben*/Baden-B. 11(1973) H. 5, 31-33

Scherer, Bruno: »Bereitschaft zu Freiheit u. Frieden«. In: Civitas 28(1972/73) 818-820

Winterhalter, Curt: »RS . . . In: *Anz. f. d. kath. Geistlichkeit*/Fbg 82 (1973) 176-180

Winterhalter, Curt: »Zeuge der Wahrheit und des Friedens.« In: *Konradsbl.*/Khe 13.5.73

6. Freundeskreis und Geistesverwandtschaft

Siehe *RSB* Nr. 836-852. 1133-1141

Baden, Hans Jürgen: »Extreme Existenzen – Jochen Klepper u. RS.« In: H. J. B.: *Der Glaube des Dichters*. Hbg: Agentur d. Rauhen Hauses 1975, 5-29

Bohne, Regina: »Das Absurde und das Kreuz.« (A. Camus u. RS. Vortrag 1966) In: *Veröff. d. Bundes kath. dt. Akademikerinnen*, 3. F.,o.J.

7. Zu einzelnen Werken RSs

Siehe *RSB* Nr. 853-1070. 1142-1158

Berglar, Peter: »Staatsraison u. Gewissen.« (Zu ›Las Casas . . .‹) In: *Schwarz auf Weiß*/Köln 25.5.73, 27-32.

Berglar, Peter: »Die Gestalt des Bartolomé de Las Casas in der Dichtung RSs.« In: P. B.: *Geschick u. Geschichte. Histor. Essays.* Darmstadt: Roether 1972,48-91

Kolb, Ernst: »Preisverleihung an RS« (Zu ›Der gr. Verzicht‹, 14.8.57) In: E. K.: *Du Ländle, meine teure Heimat*. Wien/Mchn: Herold 1965, 56-61

Meucelin-Roeser, Marianne: »RSs ›Winter in Wien‹ u. die geistige Daseinsbedrohung des Menschen.« In: *SR* 72(1973) 419-422

Nostitz, Oswalt von: »Die Kronenwächter.« Z. Briefwechsel RS-L. Ziegler. In: O. v. N.: Präsenzen. Nürnb.: Glock u. Lutz 1967, 211-217

Stephan, Heinz (Hrsg.) *Die Sendung des Las Casas*. Aschermittwoch d. Künstler 1973. Programmh. Bonn: Theater- u. Rundschau-Verl. 1973.8 Bl.

8. Fortwirken, – RS-Gesellschaft/Fbg, RS-Stiftung/Hbg

Siehe RSB Nr. 1159-1189 sowie die *Mitteilungen* der RS-Ges., herausgegeben v. Heinrich Ludewig, Hbg: RSG (*Mitteilungen* seit H. 14/15) H.6 (März 73) bis H. 20(Febr. 77) mit Beiträgen von RS sowie zu Leben u. Werk RSs von E. Blattmann, R. Bohne, A. Bojarska, F. Braun, A. Bungert, S. M. Daecke, M. Doellerdt, M. Doerne, I.

Driesen, A. Hämmerle, F. Heer, K. Ihlenfeld, Th. Kampmann, J. Klepper, D. Kramer (= D. E. Weiss-Kramer), H. Kurzke, E. M. Landau, P. Lenz-Medoc, M. van Look, H. Ludewig, P. A. Meier, R. Meile, P. Meinhold, M. Meucelin-Roeser, W. Nigg, F. Niedermayer, A. Nossol, J. Ratzinger, K.-W. Reddemann, T. Schaller, B. S. Scherer, W. R. Schneider-Messmer, H. J. Schultz, A. Semelliker, A. Spieler, F. Stier, G. Strickrodt, K. Wagner, K. Walf, C. F. v. Weizsäcker, C. Winterhalter, I. Zimmermann.

Bekenntnis der Jugend zum Frieden, Aufsatzwettbewerb 1975/76 der RS-Stiftung Hbg (hrsg. v. H. Ludewig) 1976.148 S.

Aufsatzwettbewerb 76/77 der RS-Stiftung Hbg (hrsg. v. H. Ludewig) 1976. 121 S.

RS-Aufsatzwettbewerb 1976/77: *Freiheit und Gehorsam*. Bd. 1 (Hrsg. von der RS-Stiftung, Hbg: H. Ludewig) 1977

Mitteilungen der RS-Stiftung Hbg, Aug. 1977. 186 S.

Aufsatzwettbewerb 76/77 der RS-Stiftung Hamburg, November 1976

Mitteilungen der RS-Stiftung Hamburg, August 1977

NAMENVERZEICHNIS

BILDNACHWEIS

Reinhold Schneider Nachlaß (Badische Landesbibliothek Karlsruhe):
45, 47, 49, 50, 51, 54, 56, 57, 59, 60, 62, 72, 77, 84, 85, 90, 91, 105, 113,
117, 122, 126, 132, 134, 135, 148, 149, 150, 168, 169, 170, 174, 175, 179,
182, 187, 188, 194, 195, 223, 226, 227.
Sammlung Maria van Look: 44, 52, 53, 55, 58, 61, 63, 66, 67, 73, 76, 78,
82, 83, 84, 87, 102, 103, 111, 112, 120, 121, 123, 124, 125, 127, 128, 130,
131, 136, 137, 138, 142, 143, 146, 176, 177, 178, 180, 183, 184, 200, 211,
212, 225, 233, 236, 237, 239, 240, 245.
Hildegard Bauer: 48, 64, 92, 100, 197, 218.
Leni-Mahnert-Lueg: 94, 95, 116, 164, 165, 167, 181, 220.
Andere Leihgeber: 74, 75, 108, 109, 110, 114, 115, 118, 129, 139, 147,
152, 208, 210, 216, 219, 232, 234.
Josef Rast: 153, 155, 160, 189, 190.
Ullstein Bilderdienst: 65, 68, 69, 70, 79, 81, 86, 88, 96, 97, 98, 99, 104,
106, 107, 129, 133, 141, 156, 158, 159, 172, 191, 198, 199, 214, 217, 228.
Insel Verlag: »Der Balkon«: 46.
Oesterreichische Nationalbibliothek: 196, 202, 204, 205, 208, 209, 218.
Max Seidel: 161, 201.
Martin Hürlimann: 80.
Jean Roubier (Britannica Romanica, Schroll-Verlag): 89.
Alf Stäger: 230, 231.
Prof. Christian Neumaier: Theodor Cszokor
Leonard Zubler: 162.
Anneliese Kretschmer: Umschlag, 173, 185.
Erica Loos: 75.
Johann Barth: 239.
Photo-Tschira: Baden-Baden, 224.
Barbara Pflaum: 213.
Foto-Fehrenbach: 238.
Ursula Weiss: 240, 243.
Foto Sessner: 235.
Herder Verlag: 194, 207, 215.
Kunsthistorisches Museum, Wien: 203.
Akademie der Bildenden Künste, Wien: 203, 204.
Hans H. Rau: 202.
Verlag PAG: 205.
Suhrkamp Verlag: 144, 151.

Einige Bildlegenden sind entnommen dem Bande: Reinhold Schneider
/ Leben und Werk in Dokumenten von Franz Anselm Schmitt und
Bruno Scherer, 1. Aufl. 1969 Walter-Verlag, Olten.

Chroniken, Historisches und Biographisches

Lou Andreas-Salomé. Lebensrückblick
Grundriß einiger Lebenserinnerungen. Aus dem Nachlaß herausgegeben von Ernst Pfeiffer. it 54

Arnold Böcklin. Leben und Werk in Daten und Bildern
Herausgegeben von Lutz Tittel. it 284

Maria Walewska. Napoleons große Liebe
Aus dem Polnischen von Klaus Staemmler. it 24

Gespräche mit Marx und Engels
Herausgegeben von Hans Magnus Enzensberger. Mit einem Personen-, Elogen- und Injurienregister sowie einem Quellenverzeichnis. Zwei Bände. it 19/20

Adele Gundert. Marie Hesse
Ein Lebensbild in Briefen und Tagebüchern. Mit einem Essay von S. Greiner. Illustriert von Gunter Böhmer. it 261

Hermann Hesse. Dank an Goethe
Betrachtungen, Rezensionen, Briefe. Mit einem Essay von Reso Karalaschwili. it 129

Hermann Hesse. Leben und Werk im Bild
Von Volker Michels. Mit dem »Kurzgefaßten Lebenslauf« von Hermann Hesse. it 36

Hölderlin
Chronik seines Lebens mit ausgewählten Bildnissen. Herausgegeben von Adolf Beck. it 83

Hölderlin. Dokumente seines Lebens
Briefe, Tagebuchblätter, Aufzeichnungen. Herausgegeben von Hermann Hesse und Karl Isenberg. it 221

Ödön von Horváth. Leben und Werk in Daten und Bildern
Herausgegeben von Traugott Krischke und Hans F. Prokop. it 237

Ricarda Huch. Der Dreißigjährige Krieg
Mit Illustrationen von Jacques Callot. it 22/23

Chroniken, Historisches und Biographisches

Deutsche Literatur

Johann Wolfgang Goethe. West-östlicher Divan.
Herausgegeben und erläutert von Hans-J. Weitz. Mit
Essays zum »Divan« von Hugo von Hofmannsthal, Oskar Loerke und Karl Krolow. Mit Abbildungen. it 75

Grimmelshausen. Courasche
Trutz-Simplex oder Ausführliche und wunderseltzame
Lebensbeschreibung der Erzbetrügerin und Landstörtzerin Courasche. Mit einem Nachwort von Wolfgang
Koeppen. Mit Illustrationen. it 211

Johann Peter Hebel. Die drei Diebe
Eine Geschichte vom Zundelfrieder.
Als Bildergeschichte gezeichnet von Wilhelm Hämmerle.
it 271

Johann Peter Hebel. Kalendergeschichten
Ausgewählt und mit einem Nachwort von Ernst Bloch.
Mit neunzehn Holzschnitten von Ludwig Richter. it 17

Heinrich Heine. Aus den Memoiren des Herren von
Schnabelewopski
Mit Illustrationen von Julius Pascin. it 189

Heinrich Heine. Buch der Lieder
Mit zeitgenössischen Illustrationen. Mit einem Nachwort
von Eberhard Galley. it 33

E. T. A. Hoffmann. Lebensansichten des Katers Murr
nebst fragmentarischer Biographie des Kapellmeisters
Johannes Kreisler in zufälligen Makulaturblättern. Mit
Illustrationen von Maximilian Liebenwein. Mit Anmerkungen. it 168

E. T. A. Hoffmann. Der Unheimliche Gast
und andere phantastische Erzählungen. Herausgegeben
von Ralph-Rainer Wuthenow. Mit zeitgenössischen Illustrationen. it 245

Jean Paul. Der ewige Frühling
Ausgewählt von Carl Seelig. Illustriert von Karl Walser
und mit einem Vorwort versehen von Hermann Hesse.
it 262

insel taschenbücher
Alphabetisches Verzeichnis